ARCHIBALD MAULE RAMSAY

LA GUERRA INNOMINADA
El poder judío contra las naciones

ARCHIBALD HENRY MAULE RAMSAY
(1894-1955)

A. Ramsay fue un oficial del ejército británico que posteriormente entró en política como diputado unionista escocés. En 1940, tras su relación con un presunto espía en la Embajada de Estados Unidos, se convirtió en el único parlamentario británico internado en virtud del Reglamento de Defensa 18B.

LA GUERRA INNOMINADA
El poder judío contra las naciones

The Nameless War Britons Publishing Company, Londres - 1952

Omnia Veritas Limited - 2021

Traducido y publicado por
OMNIA VERITAS LTD

www.omnia-veritas.com

Todos los derechos reservados. Ninguna parte de esta publicación puede ser reproducida por ningún medio sin la autorización previa del editor. El Código de la Propiedad Intelectual prohíbe las copias o reproducciones para uso colectivo. Toda representación o reproducción total o parcial por cualquier medio sin el consentimiento del editor es ilegal y constituye una infracción sancionada por el Código de la Propiedad Intelectual.

INTRODUCCIÓN 13
   LA GUERRA SIN NOMBRE 13
DEDICACIÓN 17
PROLOGO 19
LA REVOLUCIÓN BRITÁNICA 23
LA REVOLUCIÓN FRANCESA 37
LA REVOLUCIÓN RUSA 59
   U.S.S.R. *65*
   POLONIA *65*
   HUNGRÍA *65*
   RUMANÍA *66*
   YUGOSLAVIA *66*
DESARROLLO DE UNA TÉCNICA REVOLUCIONARIA 69
ALEMANIA HACE SONAR LA ALARMA 77
1933: LA JUDERÍA DECLARA LA GUERRA 85
LA "GUERRA FALSA" TERMINA EN BOMBARDEOS CIVILES 97
DUNKIRK Y MÁS ALLÁ 103
LA FORMA DE LAS COSAS POR VENIR 109
EL PAPEL DEL PRESIDENTE ROOSEVELT 115
REGLAMENTO 18B 123
¿QUIÉN SE ATREVE? 131
EPÍLOGO 137
DECLARACIÓNS 143
   Declaración del Capitán Ramsay de la prisión de Brixton al Presidente y a los miembros del Parlamento sobre su detención en virtud del párrafo 18B del Reglamento de Defensa *143*
   FASE I *144*
   FASE II *144*

PARTICULARIDADES ALEGADAS COMOMOTIVOS DE MI DETENCIÓN................. 161
  CARACTERÍSTICAS ESPECIALES 163
CONCLUSIÓN... 173
LOS ESTATUTOS DE LA JUDERÍA 175
  LOS ESTATUTOS DE LA JUDERÍA 175
HISTORIA DE LA PRESENCIA DE LOS JUDÍOS EN GRAN BRETAÑA... 181
COMENTARIOS DE HOMBRES FAMOSOS SOBRE LOS JUDÍOS 183
  Copia del folleto diseñado por el autor tras el acuerdo de Múnich *187*
    LIBRO BLANCO ALEMÁN SOBRE LA ÚLTIMA FASE DE LA CRISIS GERMANO-POLACA 190
    LA ÚLTIMA FASE DE LA CRISIS GERMANO-POLACA 196
OTROS TÍTULOS 207

El capitán Archibald Maule Ramsay se educó en Eton y en el Royal Military College de Sandhurst, y sirvió en el 2º Batallón de los Coldstream Guards durante la Primera Guerra Mundial hasta que fue gravemente herido en 1916. A continuación, trabajó en el cuartel general del regimiento, en la Oficina de Guerra y en la Misión de Guerra británica en París hasta el final de la guerra.

Desde 1920 fue miembro de la H.M. Scottish Bodyguard. En 1931 fue elegido diputado por Midlothian y Peeblesshire.

Detenido en virtud de la norma 18b el 23 de mayo de 1940, fue recluido, sin cargos ni juicio, en una celda de la prisión de Brixton hasta el 26 de septiembre de 1944. A la mañana siguiente retomó su escaño en la Cámara de los Comunes y permaneció allí hasta el final de ese Parlamento en 1945.

INTRODUCCIÓN

LA GUERRA SIN NOMBRE

Esta es la historia que se dijo que nunca se escribiría en esta época: la verdadera historia de los acontecimientos que condujeron a la Segunda Guerra Mundial, contada por alguien que gozó de la amistad y la confianza del Sr. Neville Chamberlain durante los meses críticos entre el Acuerdo de Múnich y septiembre de 1939.

Desde hace mucho tiempo existe una prohibición no oficial de los libros sobre lo que el capitán Ramsay llama "la guerra sin nombre", el conflicto que lleva siglos en la sombra del escenario político, que sigue vigente hoy en día y del que muy poca gente es consciente.

Los editores de *La guerra innominada* creen que esta nueva exposición hará más que cualquier otro intento anterior para romper la conspiración del silencio.

Este libro, con una gran cantidad de pruebas adicionales y un contexto histórico más completo, es el resultado de las experiencias personales de un personaje público que, en el ejercicio de sus funciones, descubrió información de primera mano sobre la existencia de una conspiración centenaria contra Gran Bretaña, Europa y toda la cristiandad.

La guerra innominada revela un vínculo insospechado entre todas las grandes revoluciones de Europa, desde la época del rey Carlos I hasta el intento frustrado contra España en 1936. Se demuestra que una fuente común de inspiración, diseño y suministro es común a todas estas revoluciones. Estas revoluciones y la guerra mundial de 1939 se consideran partes integrantes de un único plan maestro.

Después de un breve repaso de las fuerzas que se encuentran detrás de la declaración de guerra y de las detenciones en todo el mundo de todos los que intentaron oponerse a ella, el autor describe la anatomía de la maquinaria de la Internacional Revolucionaria, esa maquinaria que hoy persigue el proyecto de un poder mundial supranacional, el viejo sueño mesiánico de la judería internacional.

El autor está convencido de que la máquina se derrumbaría sin el apoyo de los judíos reacios y los gentiles desprevenidos y ofrece sugerencias para despertar a estos gigantes dormidos.

Los cristianos dicen:

> "El capitán Ramsay, un caballero cristiano de valor inquebrantable, creía que la guerra con Alemania no estaba concebida en interés de Gran Bretaña y que sólo podía conducir a la extensión del poder comunista y judío. Por haber advertido a sus compatriotas de las fuerzas que actuaban, fue encarcelado sin juicio durante cuatro años y medio, por "razones" tan absurdas que quienes las formularon no se atrevieron a exponerlas

ante un tribunal."

La verdad

"Durante años, el capitán Ramsay fue miembro del Parlamento británico. Su libro es un análisis de la guerra judeo-sionista contra la civilización cristiana".

La Cruz y la Bandera

Los judíos dicen:

"No hay límite para las profundidades de la depravación humana; el capitán Maule Ramsay parece haber hecho un intento muy decidido de sondear esas profundidades".

La Crónica Judía

"La publicación de un libro así en este momento pone de manifiesto la urgente necesidad de reformar la ley para que sea delito predicar el odio racial o publicar calumnias sobre grupos comunitarios".

El Trabajador Diario

DEDICACIÓN

Este libro está dedicado a la memoria de los patriotas que, en 1215 en Runnymede, firmaron la *Carta Magna* y de los que, en 1320 en Arbroath, firmaron la *Declaración de Independencia*.

27 de julio de 1952

PROLOGO

Eduardo I desterró a los judíos de Inglaterra por una serie de graves delitos que ponían en peligro el bienestar de su reino y de sus lugartenientes, que se recogen en gran medida en los Estatutos de la Judería[1], promulgados por su Parlamento en 1290, con el protagonismo de los Comunes.

El rey de Francia no tardó en seguir su ejemplo, al igual que otros gobernantes de la Europa cristiana. La situación de los judíos de Europa llegó a ser tan grave que hicieron un llamamiento urgente de ayuda y consejo al Sanedrín, situado entonces en Constantinopla.

Este llamamiento fue enviado bajo la firma de Chemor, rabino de Arles en Provenza, el 13 de enero de 1489. La respuesta llegó en noviembre de 1489, bajo la firma de V.S.S. V.F.F. Príncipe de los Judíos.

Aconsejó a los judíos de Europa que adoptaran la táctica del Caballo de Troya, que hicieran a sus hijos sacerdotes cristianos, abogados, médicos, etc. y que trabajaran para la destrucción de la estructura

---

[1] Véase el anexo 2 (los anexos siguen al último capítulo).

cristiana desde dentro.

El primer impacto significativo de este consejo se produjo en España durante el reinado de Fernando e Isabel. Muchos judíos se registraron entonces como cristianos, pero los judíos restantes trabajaban en secreto para la destrucción de la iglesia cristiana en España.

La amenaza llegó a ser tan grave que se instituyó la Inquisición para intentar librar al país de estos conspiradores. Una vez más, los judíos se vieron obligados a exiliarse de otro país de cuya hospitalidad habían abusado.

En su camino hacia el este, estos judíos se unieron a otras comunidades judías de Europa occidental; un número considerable de ellos se dirigió entonces a Holanda y Suiza.

A partir de entonces, estos dos países se convertirían en centros activos de la intriga judía. Sin embargo, los judíos siempre han necesitado una poderosa nación marítima a la que adherirse.

Gran Bretaña, recién unida bajo el reinado de Jacobo I, era una floreciente potencia naval que ya empezaba a influir en los cuatro rincones del mundo conocido. También había un gran margen para el pensamiento crítico subversivo, pues aunque era un reino cristiano, estaba muy dividido entre protestantes y católicos.

Pronto se puso en marcha una campaña para explotar esta división y avivar el odio entre las comunidades cristianas. El éxito de los judíos en esta campaña en Gran

Bretaña puede juzgarse por el hecho de que uno de los primeros actos de su criatura y mercenario, Oliver Cromwell -después de ejecutar al Rey como estaba previsto- fue permitir que los judíos volvieran libremente a Inglaterra una vez más.

LA REVOLUCIÓN BRITÁNICA

"El destino quiso que Inglaterra fuera la primera nación en presenciar una serie de revoluciones, que aún no ha concluido".

Con estas enigmáticas palabras, Isaac Disraeli, padre de Benjamin, conde de Beaconsfield, comienza su biografía en dos volúmenes de Carlos I, publicada en 1851. Es una obra asombrosamente detallada y perspicaz, gran parte de la cual, dice, se obtuvo de los registros de un tal Melchior de Salom, enviado francés a Inglaterra en aquella época.

La escena se abre con visiones lejanas del reino británico fundado en el cristianismo y en sus propias tradiciones ancestrales; estos preceptos unen a la monarquía, la iglesia, el estado, los nobles y el pueblo en un vínculo solemne que se encuentra con los ominosos rumores del calvinismo.

Calvino, que llegó a Ginebra desde Francia, donde su nombre se deletreaba Cauin[2], tal vez un esfuerzo francés por deletrear Cohen, organizó un gran número de

---

[2] En una reunión de la B'nai B'rith en París, de la que informó la Gaceta Católica en febrero de 1936, se afirmó que era de origen judío.

oradores revolucionarios, muchos de los cuales fueron infligidos en Inglaterra y Escocia. Así se sentaron las bases de la revolución bajo la apariencia de fervor religioso.

A ambos lados del Tweed, estos demagogos redujeron toda la religión a la estricta observancia del "sábado". En palabras de Isaac Disraeli:

> "La nación estaba hábilmente dividida entre sabatarios y transgresores del sábado". "Calvino consideraba que el sábado era una ordenanza judía, limitada al pueblo santo".

Continúa diciendo que cuando estos calvinistas tenían el país en su poder:

> "Parecía que la religión consistía principalmente en rigores sabáticos y que un senado británico se había transformado en una compañía de rabinos hebreos".

Y más tarde :

> "En 1650, después de la ejecución del rey, se aprobó una ley que infligía penas por la violación del sábado".

Buckingham, Strafford y Laud eran las tres figuras principales que rodeaban al Rey en estas primeras etapas: hombres en cuya lealtad a sí mismo, a la nación y a la antigua tradición podía confiar Carlos.

Buckingham, el amigo de confianza del rey Jaime I, y de los que le salvaron la vida en la época de la conspiración de Gowrie (una siniestra asociación cabalística) fue asesinado en los primeros años del reinado de Carlos en circunstancias misteriosas.

Strafford, que en un principio se había inclinado por seguir a la facción contraria, los abandonó más tarde y se convirtió en un leal y devoto partidario del Rey.

Esta facción de la oposición se volvió cada vez más hostil a Carlos, y en ese momento estaba liderada por Pym, y decidió impugnar a Strafford. "El Rey", escribe Disraeli, "consideraba a esta facción como sus enemigos"; y afirma que el líder de esta facción era el Conde de Bedford.

Walsh, el eminente historiador católico, afirma que un comerciante de vino judío llamado Roussel fue el fundador de esta familia en tiempos de los Tudor. Con la destitución y ejecución de Strafford, los poderes de la conspiración calvinista, o cohenista, comenzaron a salir de su sede en la ciudad de Londres.

En ese momento, turbas armadas de "agentes" (el equivalente medieval de "trabajadores", sin duda) comenzaron a surgir de repente de la ciudad. Permítanme citar a Disraeli:

> "Se dice que había diez mil de ellos... con armas de guerra. Eran una milicia para la insurrección en todo momento y lugar, y se podía contar con ellos para cualquier trabajo de destrucción a la menor tarifa... como salieron con puñales y garrotes (de la ciudad), se deduce fácilmente que estas bandas debían estar preparadas desde hace mucho tiempo."

Así fue, en efecto; y debemos recordar aquí que en ese momento Strafford aún no había sido ejecutado, y que la

Guerra Civil no estaba en la mente de nadie más que de los que estaban detrás de la escena y que evidentemente la habían estado planeando durante mucho tiempo.

Estas turbas armadas de "trabajadores" intimidaron a todo el mundo, incluidas las dos Cámaras del Parlamento y el Palacio en los momentos críticos, exactamente según el modelo utilizado más tarde por las "Bandas Sagradas" y los "Marselleses" en la llamada Revolución Francesa.

Isaac Disraeli establece repetidamente sorprendentes paralelismos entre esta situación y la Revolución Francesa, sobre todo en sus pasajes sobre la **prensa, "que ya no tiene freno"**, y el diluvio de panfletos y tratados revolucionarios. Escribe:

> "De 1640 a 1660, parece que empezaron unos 30.000".

Y más tarde :

> "La colección de panfletos revolucionarios franceses se encuentra ahora al lado de los tratados franceses de la época de Carlos I, tan abundantes en número y tan feroces en pasión... la mano que desde detrás de las escenas operaba estos eventos... podría mostrar una lista correcta de 59 plebeyos, marcándolos con el odioso título de "estrafalarios" o traidores a su país".

¿De quién es la mano, en efecto? Pero Disraeli, que lo sabía, está ahora corriendo tranquilamente un velo sobre este telón de acero; y nos corresponde a nosotros completar la revelación.

Para ello debemos recurrir a otras obras como la *Enciclopedia Judía, Los judíos y la vida económica* de

Sombart, y otras. Por estas obras nos enteramos de que Cromwell, la principal figura de la revolución, estaba en estrecho contacto con los poderosos financieros judíos de Holanda y que Manasseh Ben Israel le pagaba grandes sumas de dinero, mientras que Fernández Carvajal, "el gran judío" como se le llamaba, era el principal contratista del Ejército del Nuevo Modelo.

En *Los judíos en Inglaterra,* leemos:

> "El año 1643 trajo un gran contingente de judíos a Inglaterra, siendo su punto de reunión la casa del embajador portugués De Souza, un marrano (judío secreto). Entre ellos estaba Fernández Carvajal, un gran financiero y contratista del ejército".

En enero del año anterior, el intento de detención de los cinco miembros había puesto en marcha de forma violenta las mencionadas bandas armadas de "Operadores" en la ciudad. En esta ocasión circularon panfletos revolucionarios, como relata Disraeli:

> "Llevando el ominoso grito insurreccional de 'A tus tiendas, Israel'".

Poco después, el Rey y la Familia Real abandonaron el Palacio de Whitehall.

Los cinco miembros, acompañados por multitudes armadas y pancartas, tuvieron un regreso triunfal a Westminster. El escenario estaba ahora preparado para el advenimiento de Carvajal y sus judíos y el ascenso de su criatura el sangriento dictador Cromwell.

La escena está cambiando ahora. La guerra civil ha seguido su curso. Es 1647: Naseby ha sido ganado y perdido. El Rey es prácticamente un prisionero, pero es tratado como un invitado de honor en Holmby House.

Según una carta publicada en *Plain English* (una revista semanal publicada por la North British Publishing Co. y editada por el difunto Lord Alfred Douglas) el 3 de septiembre de 1921:

> "Los Sabios existen desde hace mucho más tiempo de lo que se cree. Mi amigo, el Sr. L. D. van Valckert, de Ámsterdam, me envió recientemente una carta con dos extractos de la Sinagoga de Mulheim. El volumen en el que están contenidas se perdió en algún momento de las guerras napoleónicas, y recientemente ha llegado a manos del Sr. van Valckert. Está escrito en alemán y contiene extractos de cartas enviadas y recibidas por las autoridades de la sinagoga de Mulheim. La primera entrada que me envía es de una carta recibida:
>
> *16 de junio de 1647*
>
> *De O.C. (es decir, Oliver Cromwell), por Ebenezer Pratt.*
>
> *A cambio de apoyo financiero, abogó por la admisión de judíos en Inglaterra: esto no fue posible en vida de Carlos.*
>
> *Charles no puede ser ejecutado sin un juicio, para el cual no hay motivos adecuados en la actualidad. Por lo tanto, aconsejamos el asesinato de Charles, pero no participaremos en el reclutamiento de un asesino, estando preparados*

para ayudarle a escapar.

En respuesta, se envió la siguiente carta:

12 de julio de 1647

A O.C. por E. Pratt.

Dará ayuda financiera tan pronto como Charles se vaya y los judíos sean readmitidos. El asesinato es demasiado peligroso. Carlos debe ser capaz de escapar: su captura hará posible el juicio y la ejecución. La ayuda será generosa, pero no es necesario discutir las condiciones antes de que comience el juicio.

Con esta información a nuestra disposición, los movimientos posteriores de los regicidas se destacan con nueva claridad. El 4 de junio de 1647, el corneta Joyce, actuando bajo órdenes secretas del propio Cromwell y, según Disraeli, desconocido incluso para el general en jefe Fairfax, descendió sobre Holmby House con 500 soldados revolucionarios y se apoderó del Rey. Según Disraeli :

> "El plan se acordó el 30 de mayo en una reunión secreta celebrada en la casa de Cromwell, aunque más tarde Cromwell afirmó que fue sin su acuerdo".

Este movimiento coincidió con un desarrollo repentino en el ejército: el ascenso de los "niveladores" y los "racionalistas". Sus doctrinas eran las de los revolucionarios franceses; de hecho, lo que hoy conocemos como comunismo. Fueron los regicidas los que "purgaron" el Parlamento en cuatro ocasiones, hasta que finalmente sólo quedaron 50 miembros, ellos mismos comunistas, más tarde conocidos como el Rump.

Volvamos a la carta de la sinagoga de Mulheim del 12 de junio de 1647 y a su inteligente sugerencia de que el intento de fuga se utilizara como pretexto para la ejecución del monarca. Esto es exactamente lo que ocurrió el 12 de noviembre del mismo año. Hollis y Ludlow vieron la fuga como una estratagema de Cromwell. Isaac Disraeli afirma:

> "Los historiadores contemporáneos han decidido que el Rey, desde el día de su deportación de Holmby hasta su huida a la Isla de Wight, fue siempre el incauto de Cromwell".

No hay mucho más que decir. Cromwell había cumplido las órdenes de la Sinagoga, y lo único que quedaba era montar el simulacro de juicio.

Las maniobras de posicionamiento continuaron durante algún tiempo. Y quedó claro que la Cámara de los Comunes, incluso en su estado parcialmente "depurado", estaba a favor de un acuerdo con el Rey. El 5 de diciembre de 1648, la Cámara se reunió durante toda la noche y finalmente aprobó la cuestión: "Que las concesiones del Rey son satisfactorias para establecer un acuerdo".

Si se hubiera llegado a tal acuerdo, por supuesto, Cromwell no habría recibido las grandes sumas de dinero que esperaba obtener de los judíos. Volvió a golpear. En la noche del 6 de diciembre, el coronel Pryde, siguiendo sus instrucciones, llevó a cabo la última y más famosa "purga" de la Cámara de los Comunes, conocida como "la purga de Pryde".

El 4 de enero, el remanente comunista de 50 miembros, el Rump, asumió la "autoridad suprema".

El 9 de enero se proclamó un "Tribunal Superior de Justicia" encargado de juzgar al rey. Dos tercios de sus miembros eran alumnos del ejército. Algernon Sidney advierte a Cromwell: "Primero, el Rey no puede ser juzgado por ningún tribunal. En segundo lugar, ningún hombre puede ser juzgado por este tribunal".

Así escribe Hugh Ross Williamson en su *Charles and Cromwell*; y añade un toque final en el sentido de que "no se pudo encontrar ningún abogado inglés para redactar la acusación, que finalmente se confió a un extranjero complaciente, el judío Isaac Dorislaus".

No hace falta decir que Isaac Dorislaus era exactamente el mismo tipo de extranjero que Carvajal, Manasseh Ben Israel y los demás financieros que pagaron el dinero de sangre del "Protector".

De este modo, se permitió de nuevo a los judíos desembarcar libremente en Inglaterra, a pesar de las fuertes protestas del subcomité del Consejo de Estado, que declaró que supondrían una grave amenaza para el Estado y la religión cristiana. Tal vez por sus protestas, la ley de destierro no se ha derogado hasta hoy.

> "La revolución inglesa bajo el mandato de Carlos I no se parece a ninguna otra que se haya producido antes

[...]. A partir de ese momento y acontecimiento contemplamos en nuestra historia las fases ascendentes de la revolución."

Isaac Disraeli

Muchos otros seguirán el mismo modelo, especialmente en Francia.

En 1897, otra importante pista de estos misteriosos acontecimientos cayó en manos de los gentiles en forma de los *Protocolos de los Sabios de Sión*. En este documento leemos esta notable frase:

> *"Recuerden la Revolución Francesa, los secretos de su preparación los conocemos bien porque fue enteramente obra de nuestras manos"* [Protocolo 3].

Los Reyes Magos podrían haber completado aún más el pasaje y haber escrito: "Recordad las revoluciones británica y francesa, cuyos secretos conocemos bien, pues fueron enteramente obra de nuestras manos."

Sin embargo, el difícil problema de subyugar a los dos reinos aún no estaba resuelto. Escocia era sobre todo monárquica; y había proclamado rey a Carlos II. Los ejércitos de Cromwell marcharon por Escocia, ayudados por sus simpatizantes ginebrinos, dispensando la barbarie judaica; pero Escocia seguía manteniendo su lealtad al rey Carlos II, que además había aceptado la forma presbiteriana de cristianismo para Escocia. Así, de forma lenta pero segura, la opinión en Inglaterra comenzó a inclinarse hacia el punto de vista escocés.

Finalmente, cuando Cromwell murió, toda Gran Bretaña acogió con satisfacción la restauración del rey en el trono inglés.

En 1660 Carlos II regresó, pero había una diferencia significativa entre el reino del que había huido de niño y al que regresó como rey. Los enemigos de la realeza estaban ahora atrincherados en su reino y el escenario estaba preparado para renovar la propaganda contra el papado y así dividir de nuevo al pueblo, que se consideraba parte de la Iglesia de Cristo. Así fue como se desarrolló el siguiente ataque.

Este asalto pretendía poner el control de las finanzas de ambos reinos en manos de los judíos, que ya estaban firmemente establecidos allí.

Es evidente que Carlos desconocía el problema y los planes de los judíos, así como la amenaza que representaban para sus pueblos. La sabiduría y la experiencia de Eduardo I se habían perdido en los siglos de segregación del virus judío. Sin embargo, era consciente del peligro que suponía para la Corona poner en manos de sus enemigos el arma de un "complot papista".

Con el advenimiento de Jacobo II, la crisis no podía demorarse mucho. Los panfletos y la propaganda más inescrupulosa no tardaron en aparecer en su contra, y no es de extrañar que muchos de los panfletos más viles se imprimieran en Holanda. Este país era ahora abiertamente el foco de todos los descontentos, y durante estos años se produjeron considerables idas y venidas.

Le contaron al rey historias de que su propio cuñado se había unido a los que conspiraban contra él, pero se negó firmemente a creerlas o a tomar cualquier medida hasta que supo que la expedición contra él estaba realmente en marcha.

La figura principal entre los que abandonaron a Jaime en este momento crucial fue John Churchill, el primer duque de Marlborough. Es interesante leer en la *Enciclopedia Judía* que este Duque recibió durante muchos años no menos de 6.000 libras al año del judío holandés Salomón Medina.

El verdadero propósito de la "Revolución Gloriosa" se logró unos años después, en 1694, cuando se dio el consentimiento real para la creación del "Banco de Inglaterra" y la institución de la deuda nacional.

Esta carta otorgaba a un comité anónimo la prerrogativa real de acuñar moneda, **convirtiendo la base de la riqueza en oro**, y permitía a los prestamistas internacionales garantizar sus préstamos sobre los impuestos del país, en lugar del dudoso compromiso de un soberano o potentado, que era la única garantía que podían obtener antes.

A partir de ese momento, se puso en marcha una maquinaria económica que acabó reduciendo toda la riqueza a los **términos ficticios del oro controlado por los judíos,** y drenó la sangre de la tierra, la verdadera riqueza que era el derecho de nacimiento de los pueblos británicos.³

La unión política y económica de Inglaterra y Escocia se impuso poco después en Escocia con una corrupción generalizada y desafiando las protestas oficiales de todos los condados y municipios. Los principales objetivos de la Unión eran abolir la Real Casa de la Moneda de Escocia e imponerle la responsabilidad de la "deuda nacional".

El dominio del prestamista judío era ahora completo en toda Gran Bretaña. El peligro era que los miembros del nuevo Parlamento conjunto desafiaran tarde o temprano este estado de cosas con el espíritu de sus antepasados. Para contrarrestrarlo, se instauró el **sistema de partidos**, que frustró la auténtica reacción nacional y permitió a los titiriteros dividir y conquistar; utilizando su recién establecido poder financiero para asegurarse de que sus propios hombres y títeres políticos obtuvieran el protagonismo y el apoyo suficiente de sus periódicos, panfletos y cuentas bancarias para ganar.

El oro pronto se convirtió en la base de los préstamos, diez veces superiores a la cantidad depositada. En otras palabras, 100 libras de oro eran una garantía legal para un préstamo de 1.000 libras; al 3%, 100 libras de oro podían, por tanto, ganar 30 libras de intereses al año sin

---

³ El sistema económico más exitoso de Alemania NO estaba respaldado por el oro. Estaba fuera del alcance sanguinario de los Amos del Dinero judíos sionistas, por eso "había que destruir Alemania" y vilipendiar a Adolf Hitler por los siglos de los siglos para que los desinformados exigieran a su gobierno volver al patrón oro. Nde.

que el prestamista tuviera que preocuparse de llevar ningún registro.

El propietario de 100 libras de tierra, sin embargo, sigue teniendo que trabajar todas las horas del día para ganar quizás un 4%. El final de este proceso era sólo cuestión de tiempo. Los prestamistas se hicieron millonarios; los que poseían y trabajaban la tierra, el inglés y el escocés, acabaron arruinados. El proceso ha continuado inexorablemente hasta el día de hoy, en que está casi completo.

Esta cruel realidad fue camuflada hipócritamente por una hábil propaganda que afirmaba que ayudaba a los pobres saqueando a los ricos. En realidad, esto nunca fue así. Fue principalmente la ruina deliberada de los terratenientes, que formaban la clase dirigente gentil de la época, y su sustitución por los financieros judíos y sus compinches.

LA REVOLUCIÓN FRANCESA

La Revolución Francesa de 1789 fue el acontecimiento más sorprendente de la historia europea desde la caída de Roma.

Un nuevo fenómeno apareció entonces en el mundo. Nunca antes una muchedumbre había organizado aparentemente una revolución exitosa contra todas las demás clases del Estado, bajo consignas rotundas pero totalmente absurdas, y con métodos que no tenían ni rastro de los principios consagrados en esas consignas.

Nunca antes un sector de una nación había conquistado a todos los demás sectores, y mucho menos había arrasado con todos los elementos de la vida y la tradición nacionales, desde el rey, la religión, los nobles, el clero, la constitución, la bandera, el calendario y los topónimos, hasta la moneda.

Este fenómeno merece la máxima atención, sobre todo porque ha sido seguido por epidemias similares en muchos países.

El principal descubrimiento que hará dicha revisión es este hecho:

La revolución no fue obra de los franceses para mejorar Francia. Fue obra de extranjeros, cuyo objetivo era destruir todo lo que había sido Francia en el pasado.

Esta conclusión se ve confirmada por las referencias a los "extranjeros" que ocupan altos cargos en los consejos revolucionarios, no sólo por Sir Walter Scott, sino por el propio Robespierre.

Tenemos los nombres de varios de ellos, y está claro que no eran británicos, alemanes, italianos u otros nacionales, sino judíos.

Veamos qué tienen que decir los propios judíos al respecto:

> *"Recuerden la Revolución Francesa, a la que dimos el nombre de 'Grande'. Los secretos de su preparación son bien conocidos por nosotros porque fue enteramente obra de nuestras manos."*
>
> *Protocolos de Sion* [n° 7].

> *"Fuimos los primeros en gritar entre las masas populares las palabras 'Libertad, Igualdad, Fraternidad'. Los estúpidos loros de los gentiles se lanzaron por todos lados a estos cebos, y se llevaron con ellos el bienestar del mundo. Los supuestos sabios de los gentiles eran tan estúpidos que no podían ver que en la naturaleza no hay igualdad, y que no puede haber libertad (esto es, por supuesto, la libertad tal y como la entienden los socialistas y comunistas, la libertad de destruir el propio país)."*

Protocolos de Sion [n° 1].

Con este conocimiento en nuestro poder, descubriremos que tenemos una llave maestra de los complejos acontecimientos de la Revolución Francesa. La imagen algo confusa de personajes y acontecimientos que se mueven a través de la pantalla que nos han mostrado nuestros libros de historia se convertirá de repente en un drama humano concertado y conectado.

Cuando empecemos a establecer paralelismos entre la Francia de 1789, la Gran Bretaña de 1640, la Rusia de 1917, la Alemania y la Hungría de 1918-19 y la España de 1936, sentiremos que el drama nos atrapa con un sentido nuevo y personal de la realidad.

"La revolución es un golpe para un paralítico".

Incluso entonces, está claro que se requiere una inmensa organización, vastos recursos y mucha más astucia y secretismo para que la preparación tenga éxito.

En efecto, es sorprendente que alguien pueda suponer que "las multitudes" o "el pueblo" hayan emprendido o puedan emprender una operación tan complicada y costosa. Ningún error podría ser más peligroso, ya que resultará en una incapacidad total para reconocer el verdadero significado de los acontecimientos, o la fuente y el enfoque de un movimiento revolucionario.

El proceso o la revolución organizadora se considera primero la inflicción de la parálisis, y segundo, el golpe o los golpes fatales. Es para el primer proceso, la producción de parálisis, que el secreto es esencial. Sus signos externos son la deuda, la pérdida de control de la prensa y la **existencia de organizaciones secretas con influencia extranjera en el Estado condenado.**

La **deuda**, especialmente la deuda internacional, **es el primer y más poderoso asidero**. A través de ella, se soborna a los hombres de las altas esferas y se introducen poderes e influencias extranjeras en el cuerpo político. Cuando el control de la deuda está firmemente establecido, pronto le sigue el control de todas las formas de publicidad y actividad política, así como un control total de la industria y el comercio.

Se prepara entonces el escenario para el golpe revolucionario. La garra de la derecha financiera ha establecido la parálisis; mientras que es la izquierda revolucionaria la que sostiene la daga y asesta el golpe mortal. La corrupción moral facilita todo el proceso.

En 1780, aparece la parálisis financiera en Francia. Los grandes financieros del mundo estaban firmemente establecidos.

> "Poseían tantas acciones de oro y plata del mundo que tenían endeudada a la mayor parte de Europa, incluida Francia".

Esto es lo que escribe el Sr. McNair Wilson en su *Vida de Napoleón*, y continúa en la página 38:

> "Se había producido un cambio de carácter fundamental en la estructura económica de Europa, por el que la antigua base había dejado de ser la riqueza para convertirse en la deuda. En la vieja Europa, la riqueza se medía en tierras, cosechas, rebaños y

minerales; pero se había introducido un nuevo patrón, a saber, una forma de dinero a la que se había dado el título de "crédito"."

Las deudas del Reino de Francia, aunque grandes, no eran insuperables, salvo en términos de oro: y si los consejeros del Rey hubieran decidido emitir dinero sobre la seguridad de las tierras y riquezas reales de Francia, la situación podría haberse reconducido con bastante facilidad. En realidad, la situación estaba firmemente en manos de los financieros, que no podían o no querían romper con el sistema impuesto por los usureros internacionales.

Bajo tal debilidad, o maldad, los lazos de la usura sólo podían hacerse más pesados y terribles, pues las deudas se denominaban en términos de oro o plata, ninguno de los cuales producía Francia.

¿Y quiénes eran los potentados de la nueva máquina de la deuda, los manipuladores del oro y la plata, que habían conseguido poner patas arriba las finanzas de Europa y sustituir la riqueza real por millones y millones de préstamos usurarios?

La difunta Lady Queensborough en su importante libro *Occult Theocracy,* nos da algunos nombres notables, basándose en *The Anti-Semitism, its History and Causes* del judío Bernard Lazarus, 1894.

En Londres, figuran los nombres de Benjamin Goldsmid y su hermano Abraham Goldsmid, su socio Moses Mocatta, y su sobrino Sir Moses Montifiore, como implicados directamente en la financiación de la

Revolución Francesa, así como Daniel Itsig de Berlín y su yerno David Friedlander, y Herz Cerfbeer de Alsacia. Estos nombres recuerdan a los *Protocolos de Sion*, y mirando el número 20, leemos:

> "El patrón oro ha sido la ruina de los estados que lo adoptaron, porque no ha podido satisfacer la demanda de dinero, sobre todo desde que hemos sacado el oro de la circulación en la medida de lo posible."

Y otra vez:

> "Los préstamos penden como una espada de Damocles sobre las cabezas de los dirigentes que vienen a mendigar con las palmas de las manos extendidas".

No hay palabras que describan mejor lo que entonces abruma a Francia. Sir Walter Scott, en su *Vida de Napoleón*, vol. 1, describe la situación así:

> "Estos financieros utilizaron al gobierno como los pródigos en bancarrota son tratados por los usureros, que alimentan sus extravagancias con una mano, y con la otra exprimen de sus fortunas arruinadas los rendimientos más irracionales por sus adelantos. Por una larga sucesión de estos préstamos ruinosos, y de los diversos derechos concedidos para garantizarlos, el conjunto de las finanzas de Francia ha sido llevado a una total confusión."

El principal ministro de Finanzas del rey Luis durante estos últimos años de creciente confusión fue Necker, "un suizo" de origen alemán, hijo de un maestro alemán del que habla McNair Wilson:

> "Necker había entrado a la fuerza en el Tesoro del Rey como representante del sistema de la deuda que había prometido lealtad a ese sistema".

Es fácil imaginar la política que esta lealtad inspiraba a Necker; y si a esto añadimos que sus antecedentes eran los de un especulador audaz y sin escrúpulos, podemos comprender que las finanzas nacionales de Francia, bajo su fatal égida, se deterioraron rápidamente, de modo que después de cuatro años de sus manipulaciones el desafortunado gobierno del rey había contraído una deuda adicional y mucho más grave de 170.000.000 de libras.

En 1730, la masonería había sido introducida en Francia desde Inglaterra. En 1771, el movimiento había alcanzado tales proporciones que Philippe Duc de Chartres y luego d'Orléans se convirtieron en su Gran Maestre. Este tipo de masonería era en gran medida inocente, tanto en términos de política como de miembros en sus primeros días; pero como los acontecimientos demostraron, las verdaderas fuerzas impulsoras eran hombres despiadados y sin escrúpulos.

El Duque de Orleans no era uno de estos últimos. Aunque era un hombre de pocos principios, un libertino extravagante, vano y ambicioso, no tenía otro motivo que el derrocamiento del rey y el establecimiento de una monarquía democrática con él mismo a la cabeza.

Con poca inteligencia, además, fue el caballo de batalla ideal para la primera y más moderada etapa de la revolución, y el instrumento dispuesto de hombres a los que probablemente apenas conocía, y que **lo enviaron a**

la guillotina poco después de que su ignominioso papel hubiera sido desempeñado.

El marqués de Mirabeau, que le sucedió como figura principal de la Revolución, desempeñó un papel muy parecido. Era un hombre mucho más capaz que d'Orléans, pero tan libertino que fue rechazado por su propia clase y encarcelado más de una vez a petición de su propio padre. Se sabe que fue financiado por Moses Mendelssohn[4], líder de los Illuminati judíos, y que se relacionó más con la judía señora Herz que con su marido. No sólo fue una figura destacada de la masonería francesa en los años respetables, sino que introdujo el iluminismo en Francia.

Este Iluminismo era una sociedad revolucionaria secreta escondida detrás de la Masonería. Los Illuminati penetraron en todas las logias de la masonería del Gran Oriente, y fueron apoyados y organizados por los banqueros cabalistas judíos.

Es interesante observar que tanto el duque de Orleans como Talleyrand fueron introducidos en el iluminismo por Mirabeau poco después de que éste lo introdujera en Francia desde Frankfurt, donde se había establecido su sede en 1782 bajo el liderazgo de Adam Weishaupt.

En 1785, se produjo un extraño acontecimiento que da la impresión de que las propias potencias celestiales

---

[4] Moses Mendelssohn es el "judío erudito" del que se dice que: "El judaísmo no es una religión. Es una ley que se hace religiosa". En mi opinión, esto equivale a decir que "el judaísmo es un programa político (de dominación mundial) envuelto en un manto de religión".

intentaron en el último momento advertir a Francia y a Europa contra estos poderes del mal que se estaban reuniendo:

Un rayo mató a un mensajero Illuminati en Regensburg.

La policía encontró papeles en el cuerpo que trataban de planes para una revolución mundial.

El gobierno bávaro mandó entonces registrar la sede de los Illuminati y se descubrieron muchas más pruebas.

Se informó a las autoridades francesas, pero el **proceso de parálisis estaba demasiado avanzado y no se tomó ninguna medida eficaz**.

En 1789, había en Francia más de dos mil logias afiliadas al Gran Oriente, instrumento directo de la revolución internacional, y sus adeptos eran más de 100.000. Así, el iluminismo judío de Moses Mendelssohn y el iluminismo masónico de Weishaupt se establecieron como los controles internos de una poderosa organización secreta que cubría toda Francia.

Fue bajo los Illuminati que operó la masonería del Gran Oriente, y fue bajo este último que la masonería azul, o nacional, había operado hasta que se convirtió de la noche a la mañana en la masonería del Gran Oriente por Philippe d'Orléans en 1773. Poco sabía Philippe-Egalité de los poderes satánicos que estaba invocando, cuando dio este paso. El nombre Lucifer significa "Portador de la Luz"; y los Illuminati aquellos que han sido iluminados por esta luz de revuelta satánica contra el orden divino querido por el Creador sobre su creación.

Cuando los Estados Generales se reunieron en Versalles el 5 de mayo de 1789, la parálisis del ejecutivo por parte de las organizaciones secretas era total. La parálisis a través del control de la opinión pública y de la prensa también estaba muy avanzada en aquella época. Así es como se logró.

En 1780, los ingresos totales de d'Orléans, de 800.000 libras, gracias a su juego y extravagancia, estaban hipotecados a los prestamistas.

En 1781, a cambio de un acuerdo, firmó unos papeles en los que entregaba su palacio, sus propiedades y su casa, el Palais Royal, a sus acreedores, con el poder de formar allí un centro de política, imprenta, panfletería, juego, conferencias, burdeles, bodegas, teatros, galerías de arte, atletismo y todos los demás usos, que después tomaron la forma de todo tipo de libertinaje público.

De hecho, los amos financieros de Philippe-Égalité utilizaron su nombre y sus propiedades para crear una colosal organización de promoción y corrupción, que apelaba a todos los bajos instintos de la naturaleza humana, e inundaba a las enormes multitudes así reunidas con la producción sucia, difamatoria y revolucionaria de sus imprentas y clubes de debate.

Como escribe Scudder en *Un Príncipe de Sangre:*

> "La policía tuvo más trabajo que en otras partes de la ciudad".

Es interesante señalar que el director general instalado por los acreedores en el Palacio Real era un tal de Laclos, aventurero político de origen extranjero, autor de Les *Liaisons Dangereuses*, y de otras obras pornográficas, de quien se decía que "estudiaba la política del amor por su amor a la política."

Este flujo constante de corrupción y de propaganda destructiva iba unido a una serie de ataques personales sistemáticos de la naturaleza más vil y sin escrúpulos contra cualquier figura pública que los jacobinos consideraran que podía interponerse en su camino. Este proceso se conoce como "L'infamie".

La propia María Antonieta fue uno de los principales objetivos de esta forma de ataque típicamente judía. Ninguna mentira o abuso era demasiado vil para ser dirigido contra ella. Más inteligente, más despierta y más vigorosa que el débil e indolente Luis, María Antonieta fue un obstáculo considerable para la revolución. Además, había recibido muchas advertencias sobre la masonería por parte de su hermana en Austria y probablemente era más consciente de su importancia que cuando le escribió a su hermana unos años antes:

> "Creo que en lo que respecta a Francia, se preocupan demasiado por la masonería. Aquí, está lejos de tener la importancia que puede tener en otros lugares de Europa. Aquí, todo está abierto y lo sabemos todo. Entonces, ¿dónde podría estar el peligro?
>
> Uno podría preocuparse si fuera una sociedad política secreta. Pero por el contrario, el gobierno permite que se extienda, y no es más que lo que parece, una asociación cuyos objetos son la unión y la caridad.
>
> Se cena, se canta y se habla, lo que dio al Rey la oportunidad de decir que la gente que bebe y canta no

> es sospechosa de conspirar. Tampoco es una sociedad de ateos, pues se nos dice que Dios está en boca de todos. Son muy caritativos. Crían a los hijos de sus miembros pobres y muertos. Dotan a sus hijas. ¿Qué hay de malo en todo esto?"

¿Qué hay de malo en que esas pretensiones intachables no enmascaren designios más oscuros? Sin duda, los agentes de Weishaupt y Mendelssohn les informaron del contenido de la carta de la Reina; y podemos imaginarlos sacudiendo la cabeza de risa, y frotándose las manos con satisfacción; manos que estaban impacientes por destruir la vida de Francia y de su Reina; y que, a la hora apropiada, darían la señal que convertiría la conspiración secreta en las "masacres de septiembre" y en baños de sangre genocidas bajo el cuchillo de la guillotina.

Para continuar con la campaña de difamación contra la Reina, se organizó un elaborado engaño en un momento en que los financieros y los especuladores de cereales estaban creando deliberadamente condiciones de pobreza y hambre en París.

Un agente de los jacobinos encargó a los joyeros de la Corte un collar de diamantes por valor de casi un cuarto de millón en nombre de la reina. La desafortunada reina no supo nada del asunto hasta que se le presentó el collar para que lo aceptara, cuando naturalmente negó cualquier implicación en el asunto, señalando que habría considerado un error encargar algo así cuando Francia estaba en una situación financiera tan mala.

Sin embargo, la prensa del Palacio Real se volcó en comentar el tema y se lanzaron todo tipo de críticas a la Reina.

Entonces se preparó otro escándalo para alimentar a la prensa. Se contrató a una prostituta del Palacio Real para que se disfrazara de la Reina; y mediante una carta falsa se indujo al Cardenal Príncipe de Rohan a encontrarse con la supuesta Reina a medianoche en el Palacio Real, suponiendo que le pediría consejo y ayuda sobre el asunto del collar.

Este acontecimiento, no hace falta decirlo, fue inmediatamente comunicado a los impresores y panfleteros, que lanzaron una nueva campaña con las más infames insinuaciones imaginables sobre todo el asunto. El cerebro de la escena era Cagliostro, alias Joseph Balsamo, un judío de Palermo, doctor en artes cabalísticas y miembro de los Illuminati, en cuyos ritos había sido iniciado en Frankfurt por Weishaupt en 1774.

Cuando el collar cumplió su función, fue enviado a Londres, donde el judío Eliason guardó la mayoría de las piedras. Ataques similares se produjeron contra muchas otras personas honestas que se resistieron a la influencia de los clubes jacobinos. Después de ocho años de este trabajo, el proceso de parálisis a través del control de la opinión por parte de la prensa fue completo.

Así, en todos los aspectos, en 1789, cuando los financieros obligaron al rey a convocar los Estados Generales, se cumplió la primera parte de sus planes revolucionarios (es decir, la parálisis). Sólo faltaba dar el golpe, o la serie de golpes, que despojaría a Francia de su trono, su iglesia, su constitución, sus nobles, su clero, su clase obrera, su burguesía, sus tradiciones y su cultura, dejando en su lugar, una vez hecho el trabajo de la guillotina, a ciudadanos que cortan leña y sacan agua bajo una dictadura financiera extranjera.

A partir de 1789, se suceden los actos revolucionarios, cada uno más violento que el anterior, con nuevas reivindicaciones y líderes más violentos bajo la apariencia de una ortodoxia revolucionaria cada vez más severa. A su vez, cada uno de estos líderes, que nunca fueron más que una asamblea de títeres en manos de los verdaderos poderes de la revolución, es desechado; y su cabeza rueda hacia la cesta para unirse a las de sus víctimas de ayer.

Philippe-Égalité, duque de Orleans, sirvió para preparar el terreno de la revolución; para proteger los inicios del club revolucionario con su nombre e influencia; para popularizar la masonería y el Palais Royal; y para patrocinar actos como la marcha de las mujeres a Versalles.

Las "mujeres" en esta ocasión eran en su mayoría hombres disfrazados. D'Orléans pensó que el Rey y la Reina serían asesinados por esta multitud, y que él mismo se proclamaría Rey democrático. Sin embargo, los verdaderos organizadores de la marcha tenían otros planes en mente.

Uno de los principales objetivos era conseguir el traslado de la familia real a París, donde estaría a salvo de la protección del ejército y bajo el poder de la Comuna o Consejo General de París, que estaba bajo el control total de los jacobinos.

Siguieron utilizando el ingenuo Philippe-Égalité hasta el momento de la votación sobre la muerte del rey, cuando coronó su sórdida carrera dirigiendo la votación a mano alzada para la ejecución de su primo. Sus amos ya no necesitaban sus servicios y pronto se unió a él bajo la guillotina en medio de las execraciones de todas las clases del pueblo al que había ayudado a dividir y traicionar en nombre de sus patrocinadores judíos.

Mirabeau desempeñó un papel similar al de Egalité. Había querido que la revolución terminara con la entronización de Luis XVI como monarca democrático, del que sería el principal consejero. No quería que se hiciera violencia con el rey. Por el contrario, en los últimos días antes de su misteriosa muerte por envenenamiento, hizo todo lo posible para que el rey fuera retirado de París y puesto en manos de los generales leales que aún mandaban su ejército.

Era el último de los moderados y monárquicos que dominaban el club jacobino de París, ese semillero sanguinario de la revolución, que se había materializado a partir de los clubes secretos de los masones del Gran Oriente y los Illuminati. Fue la voz de Mirabeau, alta y resonante, la que ayudó a contener la creciente rabia de los fanáticos asesinos que instaron al tribunal popular a votar por la muerte del rey mártir.

No cabe duda de que por fin ha percibido la verdadera naturaleza y fuerza de la bestia, que tanto tiempo y esfuerzo le costó desatar. En su último intento de salvar a la familia real sacándola de París, logró silenciar toda la oposición en el Club de los Jacobinos. Esa misma noche murió de una enfermedad repentina y violenta; y, como escribe el autor del *Collier de Diamants*

"Luis XVI no ignoraba que Mirabeau había sido envenenado.

Así, al igual que Philippe Égalité, y más tarde Danton y Robespierre, también Mirabeau fue retirado de la escena una vez cumplido su papel. Esto nos recuerda el pasaje del número 15 de los *Protocolos de Sion:*

> *"Ejecutamos a los masones de tal manera que nadie, excepto la hermandad, puede sospechar".*

Y otra vez:

> *"Así es como tratamos con los masones goy que saben demasiado".*

Como escribe el Sr. E. Scudder en su *Vie de Mirabeau:*

> *"Murió en un momento en el que la revolución aún podía haberse evitado".*

La figura de Lafayette ocupa el escenario en varias ocasiones importantes durante estas primeras etapas revolucionarias. Era uno de esos simples masones que son elevados a la cúspide por algún poder desconocido, en una nave que no han explorado del todo, y por corrientes de las que ellos mismos no saben nada.

Aunque era una figura popular entre las multitudes revolucionarias, trató con mucha severidad varios brotes de violencia revolucionaria, especialmente durante la Marcha de las Mujeres a Versalles, el ataque a las Tullerías y los Campos de Marte. También él deseaba la instauración de una monarquía democrática y no toleraba ninguna amenaza contra el rey, ni siquiera por parte de Philippe Égalité, a quien trató con la mayor hostilidad durante y después de la Marcha de las Mujeres a Versalles, creyendo en aquella ocasión que Égalité pretendía asesinar al rey y usurpar la corona.

Se convirtió claramente en un obstáculo para los poderes que iniciaron la revolución, y fue enviado a la guerra con Austria, que la Asamblea obligó a Luis XVI a declarar. Una vez acudió a París para intentar salvar al rey, pero fue enviado de nuevo a la guerra. La muerte de Mirabeau siguió, y el destino de Luis estaba sellado.

Las figuras salvajes de Danton, Marat, Robespierre y los fanáticos del Club Jacobino dominan ahora la escena política de Francia.

En septiembre de 1792, se perpetran las terribles "Masacres de septiembre"; 8.000 personas son asesinadas sólo en las cárceles de París, y muchas más en todo el país.

Hay que señalar aquí que estas víctimas fueron detenidas y retenidas hasta el momento de la masacre en las cárceles por un tal Manuel, el fiscal de la Comuna. Es obvio que Sir Walter Scott sabía mucho sobre las influencias que había entre bastidores. En su *Vida de Napoleón*, vol. 2, escribe en la página 30:

> "La demanda de la Comuna[5] de París, que se convirtió en el Sanedrín de los jacobinos, era, por supuesto, la

---

[5] El Consejo General de París, el equivalente al L.C.C. de Londres.

sangre".

De nuevo, en la página 56, escribe:

> "El poder de los jacobinos era irresistible en París, donde Robespierre, Danton y Marat compartían los puestos altos de la sinagoga".

Hablando de la Comuna, Sir Walter Scott afirma en el mismo libro:

> "Los principales líderes de la Comuna parecen haber sido forasteros".

Algunos de los nombres de estos "forasteros" son dignos de mención:

Estaba Choderlos de Laclos, director del Palais Royal, del que se decía que era de origen español. Estaba Manuel, el abogado de la Comuna, ya mencionado. Fue él quien lanzó el ataque a la realeza en la Convención, que culminó con la ejecución de Luis XVI y María Antonieta.

Estaba David el pintor, miembro importante del Comité de Salut Public, que "juzgaba" a las víctimas. Su voz siempre se alzaba para exigir la muerte. Sir Walter Scott escribe que este monstruo solía prologar su "sangriento trabajo del día con la frase profesional: 'Molamos bastante rojo'". Fue David quien inauguró el culto al Ser Supremo y organizó

> "La conducta de esta momia pagana, que fue sustituida por todo signo externo de devoción racional". (Sir Walter Scott, *Vida de Napoleón*, Vol. 2.)

Allí estaban Reubel y Gohir, dos de los cinco "directores" que, junto con un consejo de ancianos, se convirtieron en el gobierno tras la caída de Robespierre, siendo conocidos como el Directorio.

Los términos "directores" y "ancianos" son, por supuesto, típicamente judíos.

Aquí cabe otra observación: esta importante obra de Sir Walter Scott en 9 volúmenes, que revela tanto de la verdad real, es prácticamente desconocida, nunca se reimprime con sus otras obras y es casi imposible de encontrar.

Aquellos que estén familiarizados con la técnica judía apreciarán la importancia de este hecho y la importancia añadida que da al relato de Sir Walter Scott sobre los poderes de la Revolución Francesa.

Volvamos a la escena de París. Robespierre se queda ahora solo, y aparentemente dueño del lugar; pero esto no es más que una apariencia. Pasemos a la *Vida de Robespierre*, de un tal G. Renier, que escribe como si los secretos judíos estuvieran a su disposición. Escribe:

> "De abril a julio de 1794 (la caída de Robespierre), el terror estuvo en su apogeo. Nunca fue la dictadura de un solo hombre, y menos de Robespierre. Una veintena de hombres (los comités de salvación pública y los miembros de la seguridad general) se repartieron el poder."

Citando de nuevo al Sr. Renier:

"El 28 de julio de 1794, Robespierre pronunció un largo discurso ante la Convención: una filípica contra los ultraterroristas, con vagas acusaciones generales: "No me atrevo a nombrarlos en este momento y en este lugar. No me atrevo a rasgar por completo el velo que cubre este profundo misterio de iniquidad. Pero puedo afirmar con certeza que entre los autores de este complot están los agentes de ese sistema de corrupción y extravagancia, el más poderoso de todos los medios inventados por los extranjeros para derrotar a la República; me refiero a los impuros apóstoles del ateísmo y de la inmoralidad que está en su base.

El Sr. Renier continúa con toda la satisfacción de un judío:

"¡Si no hubiera pronunciado esas palabras, aún podría haber triunfado!"

En esta frase engreída, M. Renier pone involuntariamente los puntos sobre las íes, que Robespierre había dejado sin terminar. La alusión de Robespierre a los "extranjeros corruptores y sigilosos" se acercaba demasiado a la verdad; un poco más y se sabría toda la verdad.

Esa noche, a las 2 de la madrugada, Robespierre recibió un disparo en la mandíbula [6]y, a primera hora del día

---

[6] Del mismo modo, Abraham Lincoln fue fusilado por el judío Booth la noche en que anunció a su gabinete su intención de financiar el endeudamiento de Estados Unidos sobre una base libre de deudas e intereses, similar a la moneda conocida como "Greenbacks", con la que había financiado la Guerra Civil.

siguiente, fue arrastrado a la guillotina.

Recordemos de nuevo el *protocolo 15* :

> "*Así procederemos con los albañiles goyescos que saben demasiado*".

LA REVOLUCIÓN RUSA

El Sr. François Coty, famoso fabricante de perfumes, escribió en el Figaro del 20 de febrero de 1932:

> "Las subvenciones concedidas a los nihilistas en aquella época (1905-1917) por Jacob Schiff, de Kuhn Loeb and Co. de Nueva York, ya no eran actos aislados de generosidad. Una verdadera organización terrorista rusa había sido creada a sus expensas. Cubrió a Rusia con sus emisarios.

Esta creación de formaciones terroristas por parte de los banqueros judíos en un país destinado a la revolución, ya sean llamadas nihilistas o, como en Francia en 1789, "bandas sagradas" o "marseillais", u "operadores", como en la Gran Bretaña de Carlos I, está demostrando ser una técnica estándar del sistema revolucionario judío.

Jacob Schiff también financió a Japón en su guerra contra Rusia en 1904-1905, como nos cuenta la *Enciclopedia Judía*.

Esta guerra fue seguida inmediatamente por un intento de revolución a gran escala en Rusia, que sin embargo fracasó. El siguiente intento, durante la Gran Guerra, tuvo éxito.

El 3 de enero de 1906, el Ministro de Asuntos Exteriores ruso entregó al emperador Nicolás II un informe sobre este brote revolucionario, que, según reveló el *Hebreo Americano del* 13 de julio de 1918, contiene los siguientes pasajes

> "Los acontecimientos que tuvieron lugar en Rusia en 1905 indican claramente que el movimiento revolucionario tiene un carácter internacional definido; los revolucionarios poseen grandes cantidades de armas importadas del extranjero y medios financieros muy considerables; sólo se puede concluir que hay organizaciones de capitalistas extranjeros interesados en apoyar nuestro movimiento revolucionario. Si añadimos a lo anterior que, como se ha demostrado sin lugar a dudas, los judíos desempeñan un papel muy considerable **como conductores** en otras organizaciones, así como en la suya propia... siempre el elemento más belicoso de la revolución... podemos sentirnos autorizados a suponer que el mencionado apoyo extranjero del movimiento revolucionario ruso proviene de los círculos capitalistas bancarios judíos."

La hipótesis del informe anterior era, en efecto, fundada. Lo confirmaría un documento oficial aún más importante, escrito en plena revolución, en 1918, por el Sr. Oudendyke, representante del Gobierno holandés en San Petersburgo, encargado de los intereses británicos en Rusia tras la liquidación de nuestra embajada por los bolcheviques.

Este informe del Sr. Oudendyke fue considerado tan importante por el Sr. Balfour, a quien iba dirigido, que fue incluido en un Libro Blanco del Gobierno británico sobre el bolchevismo publicado en abril de 1919. (Rusia n° 1.)

Leí el siguiente pasaje:

> "Considero que la supresión inmediata del bolchevismo es la mayor cuestión que se plantea ahora al mundo, sin excluir siquiera la guerra que todavía hace estragos, y si el bolchevismo no es cortado inmediatamente de raíz, no puede sino extenderse de una u otra forma en Europa, y en todo el mundo, pues está organizado y dirigido por judíos, que no tienen nacionalidad, y cuyo único objeto es destruir el orden de cosas existente para sus propios fines."

Un artículo escrito el 12 de abril de 1919 en un periódico llamado *El Comunista*, de Járkov, por un tal Sr. Cohen, arroja una luz aún más clara sobre estos acontecimientos:

> "La gran revolución rusa fue, en efecto, realizada por las manos de los judíos. No hay judíos en las filas del Ejército Rojo, en lo que respecta a los soldados, pero en los Comités y en la organización soviética como comisarios, los judíos dirigen valientemente a las masas. El símbolo de la judería se ha convertido en el símbolo del proletariado ruso, lo que se puede ver en el hecho de la adopción de la estrella de cinco puntas, que antes era el símbolo del sionismo y de la judería."

El Sr. Fahey, en su importante y autentificado libro *The Rulers of Russia (Los gobernantes de Rusia)*, es más preciso al afirmar que en 1917, de las 52 personas que asumieron la dirección de Rusia, todas ellas, excepto

Lenin, eran judías[7].

Tan completa fue la liquidación masiva de todo lo que no fuera leñadores y aguadores en Rusia, que esta bodega judía permaneció inalterada. El Dr. Fahey nos dice que en 1935 el ejecutivo central de la Tercera Internacional, que gobernaba en Rusia, "estaba formado por 59 hombres, 56 de los cuales eran judíos. Los otros tres, incluido Stalin, estaban casados con mujeres judías. De los 17 principales embajadores soviéticos, cuatro eran judíos". (*Líderes de Rusia*, páginas 8-9).

El Reverendo George Simons, que fue Superintendente de la Iglesia Metodista Episcopal en San Petersburgo desde 1907 hasta octubre de 1918, compareció ante un Comité del Senado de los Estados Unidos el 12 de febrero de 1919 y les dio su conocimiento personal de los acontecimientos en Rusia hasta su partida. El Dr. Fahey lo cita en este testimonio:

> "En diciembre de 1918, de los 388 miembros del gobierno revolucionario, sólo 16 eran verdaderos rusos; todos los demás eran judíos, excepto un negro estadounidense. Doscientos sesenta y cinco de estos judíos venían del Lower East Side de Nueva York".

Esta ha sido la situación en la URSS desde ese día hasta hoy.

Aunque varios judíos fueron liquidados en la "purga de

---

[7] El Sr. Fahey debe haber olvidado que el propio Lenin era judío. Esto significaría que TODOS los que asumieron el liderazgo de Rusia eran judíos. Nde.

Moscú", esto no afectó a la situación. Simplemente significaba que una facción judía había triunfado sobre otra y la había liquidado. Nunca hubo nada parecido a una revuelta gentil contra el dominio judío.

El hecho de que algunos judíos fueran liquidados por las facciones victoriosas detrás del Telón de Acero podía utilizarse para engañar al mundo exterior haciéndole creer que era el resultado de una revuelta antisemita, y de vez en cuando se propagaba sistemáticamente tal bulo.

A medida que la opinión mundial se volvía gradualmente hostil a la U.R.S.S., importantes judíos comenzaron a temer que este sentimiento, combinado con la comprensión gradual de que el bolchevismo era judío, pudiera tener repercusiones desagradables para ellos.

Por lo tanto, en torno a 1945 se organizó una nueva y poderosa campaña por parte de los círculos judíos influyentes, especialmente en los Estados Unidos, para hacer ver una vez más que Rusia se había vuelto contra los judíos. Sin embargo, es evidente que no informaron a sus hermanos menores de esta iniciativa, y pronto se escucharon desmentidos indignados e informados.

Un periódico llamado *Bulletin*, órgano del Grupo de Discusión de Glasgow, escribió en junio de 1945:

> "Las tonterías que se difunden actualmente sobre el crecimiento del antisemitismo en Rusia no son más que mentiras malintencionadas y pura invención".

El [1 de] febrero de 1949, el *Daily Worker* publicó un artículo en el que un tal Sr. Parker daba algunos nombres y cifras de judíos que ocupaban altos cargos en la U.R.S.S., de la que evidentemente había regresado recientemente, pues escribió

> "Nunca he oído una sola crítica a este estado de cosas... el antisemitismo haría que un funcionario soviético pudiera ser procesado de la misma manera que un ciudadano privado puede ser llevado a juicio por antisemitismo".

El 10 de noviembre de 1949, el *Daily Worker*, ese constante y ardiente defensor de los judíos, publicó un artículo de M. D. Kartun, titulado "La erradicación del antisemitismo", que muestra el control total de los judíos tras el Telón de Acero cuando escribe

> "En Polonia y en el resto de las Democracias Populares, el antisemitismo de palabra o de obra está muy castigado.

Entre 1945 y 1949, la propaganda destinada a convencer a los gentiles de fuera del Telón de Acero de que en esta región el antisemitismo era endémico y de que los judíos eran expulsados de los altos cargos en todas partes, fue llevada a cabo con vigor. Empezó a ser creído por una serie de personas que deberían haber estado mejor informadas, hasta el punto de que en el otoño de este último año me pareció útil publicar una lista que mostraba el número de puestos importantes ocupados por judíos tras el Telón de Acero. He aquí un extracto de estas listas.

U.S.S.R.

Primer Ministro	Stalin	Casado con una mujer judía
Viceprimera Ministra	Kaganovitch [8]	Judío
Ministerio de Control del Estado	Mekhlis	Judío
Militar y construcción naval	Ginsburg	Judío
Ministro de Medios de Comunicación	Yudin	Judío
Jefe de Publicidad Exterior de la URSS	Ilya Eherenburg	Judío
Ministerio de Empresas y Maquinaria de la Construcción	Yudin	Judío
Ministro de Asuntos Exteriores	Molotoff	Casado con una mujer judía

POLONIA

Líder eficaz	Jacob Bergman	Judío
Fiscal General	T. Cyprien	Judío
Movimientos juveniles de O.C.	Dr. Braniewsky	Judío

HUNGRÍA

Líder eficaz	Mathias Rakosi	Judío

---

[8] "Kagan" o "Khagan" es la palabra Khazarian para "rey". Más del 90% de los judíos actuales no son semitas, ni tampoco lo eran sus antepasados. Pertenecen a la tribu turco-mongola de los jázaros, cuyo Kagan adoptó el talmudismo hacia el año 740 d.C.].

RUMANÍA

Líder eficaz	Anna Pauker	Judío

(Desde entonces se ha eliminado por "desviacionismo" pero se ha sustituido por otro judío).

YUGOSLAVIA

Líder eficaz	Moishe Pyjede	Judío

En mayo de 1949, el *Daily Worker*, que es, por supuesto, consistente y ardientemente pro-judío, publicó un artículo del Sr. A. Rothstein elogiando a la U.R.S.S.; y casi al mismo tiempo otro artículo en un tono similar sobre el paraíso detrás de la Cortina de Hierro por el Sr. Sam Aronvitch.

El 10 de noviembre, el mismo periódico publicó un artículo en el que D. Kartun, hablando de las "democracias populares" y de la erradicación del antisemitismo en estos países, escribió

> "A nadie se le ocurriría hacer un discurso antisemita o escribir un artículo antisemita en ninguno de estos países. Si lo hiciera, su pena de prisión sería inmediata y larga".

En los últimos años hemos recibido nuevas y dramáticas pruebas de la interrelación vital entre los judíos y la URSS.

De los juicios por espionaje en Canadá, que pusieron el foco en el espionaje atómico en nombre de la URSS con la condena y el encarcelamiento de Frank Rosenberg (alias Rose), el diputado comunista judío canadiense, y de varios judíos, hasta la condena y el encarcelamiento de muchos otros miembros de la misma banda en Gran Bretaña y Estados Unidos, incluyendo a Fuchs, al profesor Weinbaum, a Judith Coplon, a Harry Gold, a David Greenglass, a Julius Rosenberg, a Miriam Moskewitz, a Abraham Brothanz y a Raymond Boyer, quien -aunque era gentil de nacimiento- se casó con una judía y, creo, adoptó el credo judío en esa ocasión.

Por último, tuvimos la huida a la URSS con los secretos atómicos también del profesor judío Pontecorvo, que había trabajado estrechamente con Fuchs.

No cabe duda de que nos seguirán obsequiando con historias plausibles sobre lo antisemita que se ha vuelto Rusia; pero no es difícil darse cuenta de que un dominio judío de este tipo, respaldado por los escuadrones de espionaje y liquidación política más elaborados que se conocen, provocaría una convulsión que sacudiría al mundo antes de que se pudiera romper su dominio.

DESARROLLO DE UNA TÉCNICA REVOLUCIONARIA

Hay cuatro revoluciones en la historia que merecen nuestra especial atención. El estudio y la comparación de los métodos empleados en ellos revelan, por un lado, una similitud fundamental entre ellos, y por otro, un interesante progreso en la técnica, con cada levantamiento sucesivo. Es como si estudiáramos las distintas etapas de la evolución del rifle moderno a partir del antiguo "brown Bess" original.

Las revoluciones en cuestión son primero la cromwelliana, luego la francesa, la rusa y finalmente la española de 1936.

Se puede demostrar que estos cuatro acontecimientos son obra de la judería internacional. Los tres primeros consiguieron el asesinato del monarca reinante y la liquidación de sus partidarios.

En cada caso, las finanzas judías y las intrigas clandestinas son claramente identificables, y las primeras medidas adoptadas por los revolucionarios fueron la "emancipación" de los judíos.

Cromwell fue financiado por varios judíos, entre ellos

Manasseh Ben Israel y Carvajal "el Gran Judío", que patrocinaron su ejército.

En esta ocasión, la influencia judía siguió siendo financiera y comercial, mientras que las armas y los medios de propaganda eran semirreligiosos, ya que todos los Cromwellians estaban empapados del judaísmo del Antiguo Testamento; algunos, como el general Harrison, incluso llevaron su judaísmo hasta el punto de defender la adopción de la ley mosaica como ley de Inglaterra, y la sustitución del sábado como día de reposo por el domingo cristiano.

Todos conocemos los absurdos pasajes del Antiguo Testamento que los soldados de cabeza redonda adoptaron como nombre, como el del sargento Abdías: "Atad a sus reyes con cadenas y a sus nobles con grilletes de hierro". La revolución Cromwelliana fue de corta duración. El trabajo de destrucción no había sido lo suficientemente exhaustivo como para impedir la contrarrevolución y la restauración del antiguo régimen.

Fue necesaria una segunda revolución, la llamada "Revolución Gloriosa" de 1689. De nuevo fue financiado por judíos, entre ellos Salomón Medina, Suasso, Moisés Machado y otros.

En la época de la Revolución Francesa, en 1789, la técnica había mejorado considerablemente. Las sociedades secretas se habían desarrollado a gran escala en toda Francia en los años anteriores. Los planes de liquidación del antiguo régimen eran entonces mucho más drásticos.

El asesinato judicial de un rey y unos pocos nobles bienintencionados es sustituido por los asesinatos en masa en cárceles y domicilios particulares de toda la nobleza, el clero, el campesinado y la burguesía, sin distinción de género.

Los daños causados por los Cromwell y la profanación de algunas iglesias utilizadas temporalmente como establos condujeron a un desmantelamiento general de las iglesias cristianas, o a su conversión en baños públicos, burdeles y mercados, así como a la **prohibición del culto cristiano** e incluso del toque de campanas de las iglesias.

No se permitió el desarrollo de la guerra civil. El ejército fue apartado, y alejado de su Rey por su temprana asunción de poder. El control invisible de 1789 es tan poderoso que, aparentemente, la escoria de la población francesa está liquidando victoriosamente a todos sus líderes naturales, lo cual es en sí mismo un fenómeno de lo más anómalo y sospechoso.

Aún más sospechosa es la repentina aparición de grandes bandas de gamberros armados, que marchan hacia París desde Lyon y Marsella, y que se **registran como obviamente extranjeros**.

Aquí tenemos las primeras formaciones de mercenarios y elementos criminales extranjeros, forzando revoluciones en un país que no es el suyo, que tendrían su prototipo completado y ampliado en las Brigadas Internacionales, que intentaron imponer el marxismo en España 150 años después.

La Inglaterra del siglo XVII no había sido desmembrada y remodelada horriblemente sobre líneas extranjeras; pero todos los hitos familiares de la Francia del siglo XVIII fueron destruidos. Se suprimen los espléndidos e históricos nombres y títulos de los condados, departamentos y familias, y Francia se divide en casillas numeradas ocupadas únicamente por "ciudadanos".

Incluso se cambiaron los meses del calendario. La bandera nacional de Francia, con sus lirios y su gloria ancestral, fue prohibida. En su lugar, los franceses recibieron el banderín tricolor, la insignia del asesinato y el saqueo. Sin embargo, aquí los planificadores se equivocaron.

La Tricolor puede no ser la famosa y honrada bandera de Francia. Podría gotear con la sangre de la matanza, el regicidio y la villanía. Podía apestar con la baba de los criminales judíos que la diseñaron y la impusieron al pueblo francés, pero fue proclamada bandera nacional, y se convirtió en ello; y con la bandera nacional vino el ejército nacional, y un líder nacional, Napoleón.

Este gran francés no tardó en enfrentarse a los poderes secretos que habían controlado los ejércitos franceses hasta entonces. Planeaban utilizar estos ejércitos para revolucionar todos los estados europeos, uno tras otro, derrocando a todos los gobernantes e instaurando el gobierno de la plebe, aparentemente, en realidad, por supuesto, el suyo propio.

Así es exactamente como los judíos planean ahora utilizar al Ejército Rojo. Una política de este tipo dirigida por personas ajenas al país no podría continuar por mucho tiempo una vez que el ejército nacional hubiera establecido un verdadero líder nacional; su perspectiva y su política debían ser inevitablemente opuestas. No pasó mucho tiempo antes de que el Primer Cónsul desafiara y derrocara a estos extranjeros y sus títeres.

En 1804, Napoleón reconoció que el judío y sus planes eran una amenaza para Francia, y restauró sistemáticamente todo lo que la revolución había arrasado. A partir de entonces, el dinero judío financió todas las coaliciones contra él, y de hecho los judíos se jactan ahora de que fue Rothschild, y no Wellington, quien derrotó a Napoleón.

Sabiendo esto, Hitler, cuando ocupó París, ordenó inmediatamente el establecimiento de una guardia de honor permanente sobre la tumba de Napoleón en Les Invalides, e hizo que el cuerpo de L'Aiglon (hijo de Napoleón con Marie-Louise) fuera repatriado desde Austria, para ser enterrado en su lugar junto a su padre.

Cuando observamos la revolución rusa, vemos que la técnica es aún más audaz y mucho más radical. En esta ocasión, no se permiten banderas, ejércitos ni himnos nacionales. Después de que la escoria de la comunidad judía haya logrado aparentemente lo imposible, y liquidado a todas las demás clases hasta el kulak (un hombre con tres vacas), se reúnen en una fuerza políglota llamada Ejército Rojo; sobre ellos ondea una bandera roja internacional, no rusa; su himno es el de la *Internacional*.

La técnica de la revolución en Rusia ha sido tan perfeccionada que hasta el día de hoy ha asegurado el régimen judío allí contra todos los contraataques.

La siguiente revolución que merece nuestra atención es la que estalló en España en 1936. Afortunadamente para Europa, fue desbaratada por el general Franco y una serie de hombres valientes que salieron inmediatamente al campo de batalla para oponerse a las fuerzas revolucionarias y lograron, tras una larga lucha, aplastarlas.

Esta hazaña es tanto más notable cuanto que el último desarrollo de la organización revolucionaria se reveló entonces bajo la forma de las Brigadas Internacionales. Estas Brigadas Internacionales, además de ser el último desarrollo de la técnica revolucionaria, fueron una producción notable.

Habían sido reclutados entre criminales, aventureros y embaucadores, en su mayoría comunistas, procedentes de 52 países diferentes, transportados misteriosamente y reunidos en formaciones en España pocas semanas después del comienzo de los disturbios, vestidos con un atuendo muy similar a nuestra ropa de combate, y equipados con armas que llevaban la estrella judía de cinco puntas.

Esta estrella y el sello de Salomón estaban en los anillos de sello de los suboficiales y oficiales de esta horda comunista de rufianes indisciplinados. Yo mismo he visto cómo los llevaban.

En octubre de 1936, estas Brigadas Internacionales ya estaban reunidas en España en un número considerable. Por muy indisciplinados y groseros que fueran, el mero hecho de que un ejército político grande y bien armado interviniera repentinamente a favor de un bando en las primeras fases de una guerra civil podría haberse visto razonablemente como un medio de asegurar una decisión antes de que los elementos patrióticos y honestos del país hubieran tenido tiempo de crear una máquina de combate adecuada.

Aunque la opinión pública británica se mantuvo en total ignorancia de la verdadera importancia de lo que estaba ocurriendo en España, dos países de Europa estaban al tanto de la situación. Alemania e Italia habían experimentado a su vez los estertores de la revolución comunista y habían salido victoriosas de la más asquerosa de las plagas terrestres. Sabían quién había financiado y organizado las Brigadas Internacionales, y con qué nefasto propósito se había declarado a Barcelona como capital de los estados soviéticos de Europa Occidental en octubre de 1936.

En el momento crítico, ellos [Hitler y Mussolini] intervinieron con la fuerza suficiente para contrarrestar a la Brigada Internacional y permitir al pueblo español organizar su propio ejército que, a su debido tiempo, resolvió fácilmente la cuestión. Así que el asunto quedó resuelto, es decir, en lo que respecta a España.

Sin embargo, había otro acuerdo por llegar. La judería internacional se ha visto seriamente frustrada. No descansarían ahora hasta que pudieran tener su venganza, hasta que pudieran, por medios tortuosos, volver las armas del resto del mundo contra estos dos Estados, que, además de frustrar sus planes en España, estaban poniendo a Europa en un sistema independiente del oro y la usura, que, si se le permitía desarrollarse, rompería el poder judío para siempre.

ALEMANIA HACE SONAR LA ALARMA

La urgente alarma lanzada en 1918 por el Sr. Oudendyke en su carta al Sr. Balfour, denunciando el bolchevismo como un plan judío que, de no ser frenado por la acción combinada de las potencias europeas, engulliría a Europa y al mundo, no era exagerada.

A finales de ese año, la bandera roja estaba izada en la mayoría de las principales ciudades de Europa. En Hungría, el judío Bela Kuhn organizó y mantuvo durante algún tiempo una tiranía despiadada y sangrienta similar a la de Rusia. En Alemania, los judíos Leibknecht, Barth, Scheidemann, Rosa Luxemburg, etc., se embarcaron en una carrera desesperada por el poder. Estas y otras convulsiones similares sacudieron a Europa; pero cada país, a su manera, se limitó a contrarrestar los ataques de la judería organizada.

En la mayoría de los países afectados, algunas voces se alzaron para intentar exponer la verdadera naturaleza de estos males. Sin embargo, sólo en un país surgió un líder político y un grupo que comprendió todo el significado de estos acontecimientos y vio detrás de las turbas de vándalos indígenas la organización y el poder de conducción de la judería mundial.

Ese líder era Adolf Hitler, y su grupo el Partido Nacional Socialista de Alemania.

Nunca antes en la historia un país no sólo había repelido una revolución organizada, sino que había discernido el judaísmo que había detrás y se había enfrentado a ese hecho. No es de extrañar que las cloacas del vituperio judío se derramaran sobre estos hombres y su líder; ni es de suponer que la judería se aferre a cualquier mentira para disuadir a los hombres honestos del mundo de hacer una investigación exhaustiva de los hechos por sí mismos.

Sin embargo, si uno valora la libertad y se esfuerza por buscar la verdad y defenderla, no puede eludir este deber de autoinvestigación. Aceptar sin rechistar las mentiras y tergiversaciones de una prensa controlada o influenciada por los judíos es rechazar la verdad por pura pereza, si no por una razón más seria.

Actuar sobre una base tan poco verificada es un pecado contra la Luz.

En el caso de Alemania y Hitler, la tarea de investigación no es difícil. Muchas autoridades nos han confirmado que el libro de Hitler *Mein Kampf expone* de forma completa y precisa las observaciones y conclusiones del autor sobre todas estas cuestiones clave.

Se han propagado deliberadamente imágenes totalmente falsas sobre este libro, citando pasajes fuera de contexto, distorsionando los significados y haciendo afirmaciones rotundamente falsas. Después de haber leído muchas de estas diatribas sin escrúpulos, no me sorprendió leer este libro por mí mismo no hace mucho tiempo.

Por las muchas conversaciones que he escuchado y en las que he participado, ahora me doy cuenta de que la mayoría del público era tan ignorante como yo de la verdadera naturaleza de este extraordinario libro. Me propongo, por tanto, intentar dar una imagen fiel de su espíritu y alcance citando pasajes de sus dos temas principales: primero, la realización y exposición del plan judío para el establecimiento del marxismo mundial; y segundo, la admiración y el deseo de amistad con Gran Bretaña. Escribiendo sobre los días anteriores a 1914, Hitler afirma:

> "Todavía veía a los judíos como una religión... No tenía idea de que hubiera una hostilidad judía deliberada... Poco a poco me di cuenta de que la prensa socialdemócrata estaba controlada predominantemente por judíos... No había un solo periódico con el que los judíos estuvieran relacionados que pudiera calificarse de verdaderamente nacional... Me apoderé de todos los panfletos socialdemócratas que pude encontrar y busqué los nombres de sus autores: nada más que judíos."

Mientras seguía estudiando estas cuestiones, Hitler empezó a ver el contorno de la verdad:

> "También he estudiado a fondo la relación entre el judaísmo y el marxismo... El Estado judío nunca tuvo fronteras en el espacio; era ilimitado en el espacio, pero estaba limitado por su concepción de sí mismo como raza. Este pueblo, por lo tanto, siempre ha sido un estado dentro de un estado... La doctrina judía del

marxismo rechaza el principio aristocrático en la naturaleza... niega el valor del individuo entre los hombres, combate la importancia de la nacionalidad y la raza, privando así a la humanidad de todo el sentido de la existencia."

"La democracia actual en Occidente es la precursora del marxismo, que sería inconcebible sin la democracia".

"Si el judío, con la ayuda de su credo marxiano, conquista las naciones del mundo, su corona será la corona funeraria de la raza humana..."

Escribe sobre los días de 1918:

"Así que ahora creía que al defenderme de los judíos estaba haciendo la obra del Señor".

A finales de 1918, la revolución en Alemania se organizó detrás del ejército ininterrumpido en el campo. Sobre este tema, Hitler escribió:

"En noviembre, unos marineros llegaron en camiones y nos llamaron a todos a la revuelta, con unos cuantos jóvenes judíos a la cabeza de esta lucha por "la libertad, la belleza y la dignidad de nuestra vida nacional". Ninguno de ellos había estado en el frente".

"El verdadero organizador de la revolución y su verdadero tirador de cuerdas es el judío internacional... La revolución no fue hecha por las fuerzas de la paz y el orden, sino por las del motín, el robo y el saqueo".

"Estaba empezando a aprender de nuevo, y sólo ahora (1919) he llegado a comprender correctamente las enseñanzas e intenciones del judío Karl Marx. Sólo ahora he comprendido plenamente su "Kapital"; y también la lucha de la socialdemocracia contra la economía de la nación; y que su objetivo es preparar el terreno para la dominación del verdadero Kapital internacional. [El Emperador extendió la mano de la amistad a los líderes del marxismo... Mientras ellos sostenían la mano imperial en la suya, la otra mano ya estaba alcanzando la daga"].

"Con el judío no hay regateo; simplemente existe el duro 'tanto por tanto'.

Más adelante, Hitler esboza con gran detalle los contornos de la maquinaria de desorganización judía.

"A través de los sindicatos que podrían haber salvado a la nación, el judío está de hecho destruyendo la economía de la nación".

"Al crear una prensa que está al nivel intelectual de los menos instruidos, la organización política y sindical obtiene una fuerza de compulsión que le permite preparar a las capas más bajas de la nación para las empresas más arriesgadas".

"La prensa judía... echa por tierra todo lo que pueda considerarse como apoyo a la independencia de una nación, su civilización y su autonomía económica. Ruge especialmente contra aquellas figuras que se niegan a doblar la rodilla ante la dominación judía, o cuya capacidad intelectual le parece al judío una amenaza para sí mismo."

"La ignorancia mostrada por las masas... y la falta de percepción instintiva de nuestra clase alta hacen que el pueblo sea fácil de engañar con esta campaña de mentiras judías".

"Pero la época actual obra su propia ruina; introduce el sufragio universal, parlotea sobre la igualdad de derechos, y no puede dar ninguna razón para pensar así. A sus ojos, las recompensas materiales son la expresión del valor de un hombre, rompiendo así la base de la más

> noble igualdad que pueda existir."
>
> "Una de las tareas de nuestro Movimiento es mantener la perspectiva de un tiempo en el que el individuo recibirá lo que necesita para vivir; pero también mantener el principio de que el hombre no vive sólo para el disfrute material.
>
> "Sólo la vida política actual ha dado sistemáticamente la espalda a este principio de la naturaleza" (es decir, de la calidad)..."
>
> "La civilización humana no es más que la culminación de la fuerza creadora de la personalidad en la comunidad en su conjunto, y especialmente en sus líderes... el principio de la dignidad de la mayoría comienza a envenenar toda la vida por debajo de ella; y de hecho a romperla".
>
> "Vemos ahora que el marxismo es la forma declarada del intento judío de abolir la importancia de la personalidad en todos los departamentos de la vida humana; y de erigir en su lugar la masa de números..."
>
> "El principio de decisión por mayorías no ha regido siempre al género humano; por el contrario, sólo aparece durante periodos bastante cortos de la historia, y éstos son siempre periodos de decadencia de las naciones y los estados."
>
> "No debemos olvidar que el judío internacional, que sigue dominando a Rusia, no considera a Alemania como un aliado, sino como un estado destinado a sufrir un destino similar".

En la última página y en casi el último párrafo de Mein Kampf, se puede leer lo siguiente:

> "El partido como tal defiende un cristianismo positivo, pero no se vincula en materia de credo a ninguna

denominación en particular. Combate el espíritu materialista judío dentro y fuera de nosotros".

Al buscar ayuda de todo el mundo en la batalla contra esta terrible amenaza del bolchevismo dirigido por los judíos, la mente de Hitler volvía una y otra vez a Gran Bretaña y al Imperio Británico. Siempre deseó su amistad. Siempre declaró que Gran Bretaña era uno de los mayores baluartes contra el caos, y que sus intereses y los de Alemania eran complementarios y no contrarios.

Escribió:

> "No era un interés británico, sino judío, destruir Alemania". Y de nuevo: "Incluso en Inglaterra se libra una lucha continua entre los representantes de los intereses del Estado británico y la dictadura mundial judía".
>
> "Mientras Inglaterra se agota en mantener su posición en el mundo, el judío organiza sus medidas para su conquista.... Así, el judío es ahora un rebelde en Inglaterra, y la lucha contra la amenaza judía mundial será comprometida allí también."
>
> "Ningún sacrificio habría sido demasiado grande para obtener la alianza de Inglaterra. Habría sido necesario renunciar a las colonias y a la importancia de la presencia en los mares, y abstenerse de interferir con la industria británica por la competencia".

En los años siguientes, estos dos temas estuvieron constantemente presentes, a saber, la amenaza marxista judía y el deseo de amistad con Gran Bretaña. Hasta Dunkerque, Hitler insistió en esta última idea a todo el mundo, incluso a sus generales más veteranos, para su asombro.

Tampoco se quedó en las palabras, como veremos más adelante, cuando, como nos cuenta Liddell Hart, salvó al Ejército Británico de la aniquilación al detener al Cuerpo Panzer, al tiempo que informaba a sus generales de que veía al Imperio Británico y a la Iglesia Católica como baluartes necesarios de la paz y el orden que había que salvaguardar. [9]

Antes de que saliera de la imprenta, las compuertas del odio y las mentiras judías se habían abierto contra Hitler y el Tercer Reich en todo el mundo.

Los angloparlantes de todo el mundo fueron inundados con invenciones, distorsiones e historias de atrocidades, que ahogaron las voces de los pocos que entendían la situación real.

Olvidado en el tumulto fue el lema de Marx de que, antes de que el bolchevismo pudiera triunfar, el Imperio Británico debía ser destruido; y totalmente suprimida en lo que respecta al pueblo británico fue la repetida declaración de Hitler de su voluntad de defender el Imperio Británico si se le pedía ayuda por la fuerza de las armas si era necesario.

---

[9] *El otro lado de la colina*, capítulo X, de Liddell Hart. Mein Kampf se publicó por primera vez en octubre de 1933.

1933: LA JUDERÍA DECLARA LA GUERRA

La edición inglesa de *Mein Kampf* todavía se estaba imprimiendo y publicando cuando los judíos declararon la guerra al régimen nacionalsocialista y lanzaron un intenso bloqueo contra Alemania.

La Conferencia Internacional de Boicot Judío se convocó en Holanda en el verano de 1933 bajo la presidencia del Sr. Samuel Untermeyer, un judío de los Estados Unidos, que había sido elegido presidente de la Federación Económica Judía Mundial formada para combatir la oposición a los judíos en Alemania.

A su regreso a los Estados Unidos, el Sr. Untermeyer pronunció un discurso ante la estación de la W.A.B.C., cuyo texto tengo ante mí, tal como se publicó en el *New York Times* del 7 de agosto de 1933. El Sr. Untermeyer se refirió en las primeras frases a :

> "La guerra santa por la causa de la humanidad en la que estamos embarcados"; y se explayó describiendo a los judíos como los aristócratas del mundo. "Cada uno de vosotros, judío o gentil, que aún no se haya

comprometido en esta guerra santa[10], debería hacerlo ahora y aquí".

Denunció a los judíos que no se unieron a él, diciendo:

> "Son traidores a su raza".

En enero de 1934, el Sr. Jabotinsky, fundador del sionismo revisionista, escribió en *Natcha Retch:*

> "La lucha contra Alemania ha sido librada durante meses por todas las comunidades judías, conferencias, organizaciones empresariales, por todos los judíos del mundo... desataremos una guerra espiritual y material del mundo entero contra Alemania".

Esta es quizá la afirmación más segura que existe sobre la pretensión del poder judío internacional, expuesta en los *Protocolos de Sión*, de que pueden provocar la guerra en cualquier momento. *El protocolo número 7* establece:

> "Debemos ser capaces de responder a cualquier acto de oposición de un Estado con una guerra con su vecino. Si se aventuran a oponerse colectivamente, por la guerra universal".

Cabe recordar aquí que una copia de estos protocolos fue depositada en el Museo Británico en 1906.

En 1938 la guerra judía estaba en pleno apogeo, y ya, a través de su influencia o presión, muchos individuos y grupos gentiles estaban siendo arrastrados al vórtice.

---

[10] Como la interminable guerra contra el "terrorismo" de hoy.

Varios miembros del Partido Socialista Británico abogaban abiertamente por unirse a esta Guerra Fría; y en todos los partidos se estaba desarrollando una camarilla vigorosa e intransigente bajo el liderazgo de los señores Churchill, Amery, Duff, Cooper y otros.

"Hitler no quiere la guerra, pero se verá obligado a ella, no este año, sino más adelante", gritaba el judío Emil Ludwig en el número de junio de *Aniles* de 1934.

El 3 de junio de 1938, un artículo en el *American Hebrew*, el órgano semanal de los judíos estadounidenses, fue aún más lejos. Este artículo, que comienza demostrando que Hitler nunca se desvió de su doctrina expuesta en *Mein Kampf*, amenaza luego con las más graves represalias.

> "Ha quedado claro que una coalición de Gran Bretaña, Francia y Rusia impedirá tarde o temprano la marcha triunfal (de Hitler)..."
>
> Ya sea por accidente o por designio, un judío ha alcanzado una posición de importancia primordial en cada una de estas naciones. En las manos de los no arios está el destino y la vida misma de millones...
>
> En Francia, este judío líder es Leon Blum... Leon Blum puede ser aún el Moisés que liderará...
>
> Maxim Litvinoff, un súper vendedor soviético, es el judío que se sienta a la derecha de Stalin, el soldadito de plomo del comunismo...
>
> El principal judío inglés es Leslie Hore-Belisha, el nuevo jefe de Tommy Atkins".

Más adelante en el artículo, leemos:

> "Así que puede ser que estos tres hijos de Israel formen la combinación que mandará al infierno al frenético dictador nazi. Y cuando el humo de la batalla se disipe... y el hombre que interpretó la esvástica Christus... sea bajado a un agujero en el suelo... entonces el trío de no arios entonará un réquiem al unísono... un popurrí de la Marsellesa, Dios salve al Rey y la Internacional, mezclado con una interpretación orgullosa y agresiva de Eli Eli".

Dos puntos del extracto anterior merecen especial atención. En primer lugar, se da por sentado que estos tres judíos no pensaron ni actuaron ni un momento como otra cosa que no fueran judíos, y que se puede contar con ellos para llevar a sus incautos gentiles a la ruina en una guerra claramente judía; en segundo lugar, cabe destacar la referencia despectiva a la "esvástica Christus", que los judíos están ansiosos por enterrar, y que revela simbólicamente el odio judío al cristianismo.

Mientras tanto, la presión judía se ejerció al máximo para provocar enfrentamientos entre los alemanes de los Sudetes, los checos, los polacos y los alemanes.

En septiembre de 1938, las cosas habían llegado a una fase desesperada. El propio Sr. Chamberlain fue a Munich y llegó a un acuerdo histórico con Hitler. Parece que entonces los belicistas se vieron frustrados y Europa se salvó. Pocas veces se han evocado escenas y manifestaciones espontáneas de alegría y gratitud como las presenciadas en toda Gran Bretaña y Europa en este triunfo.

Sin embargo, los que conocían el poder del enemigo sabían que el trabajo del Sr. Chamberlain iba a ser saboteado rápidamente. Recuerdo haber comentado la noche de su regreso de Múnich que dentro de una semana todos los periódicos de este país y los belicistas del Parlamento estarían atacando al Sr. Chamberlain por asegurar la paz, sin tener en cuenta que al hacerlo estaban despreciando los verdaderos deseos del pueblo. Esto era demasiado cierto, como han demostrado los acontecimientos.

En ningún lugar fue más evidente la furia judía, por supuesto, que en Moscú. Tengo ante mí un folleto de diseño propio publicado en octubre de 1938. Dice:

> "¿Sabe usted que el Sr. Chamberlain fue quemado en efigie en Moscú tan pronto como se supo que había asegurado la paz; lo que demuestra muy claramente **QUIEN** quería la guerra, y **QUIEN** sigue trabajando incesantemente para atizar el conflicto en todo el mundo."

Habiendo fracasado el intento de provocar la guerra por los Sudetes y Checoslovaquia, sólo quedaba el detonante del Corredor Polaco, esa monstruosidad nacida del absurdo Tratado de Versalles y denunciada por hombres tan honestos como el mariscal Foch y Arthur Henderson.

Una característica de la Conferencia de Versalles ha sido mantenida en secreto por quienes tienen el poder de ocultar las cosas al público o de proclamarlas desde las alturas de sus órganos de prensa. Es esto:

Todas las decisiones importantes fueron tomadas por los "Cuatro Grandes": Gran Bretaña, Francia, Italia y Estados Unidos, representados respectivamente por el Sr. Lloyd George, el Sr. Clemenceau, el Barón Sonino y el Presidente Wilson. Todo esto es conocido. Lo que no se sabe es que :

El secretario del Sr. Lloyd George era el judío Sassoon; el del Sr. Clemenceau, el judío Mandel Rothschild, ahora conocido como Mandel; el barón Sonino era él mismo medio judío: y el presidente Wilson tenía a su lado al judío Brandeis; el intérprete era otro judío llamado Mantoux; y el asesor militar todavía otro judío llamado Kish.

Se sabe que el Sr. Lloyd George y otros no eran muy versados en geografía. Sus secretarios judíos, en cambio, estaban muy bien informados. Estos judíos se reunían a las 6 de la tarde y elaboraban las decisiones para la conferencia de los Cuatro Grandes del día siguiente.

Los resultados fueron desastrosos desde el punto de vista de todas las personas honestas, que esperaban un tratado honorable, con condiciones que, aunque estrictas, fueran al menos justas y garantizaran así una paz duradera.

El propio Foch denunció en voz alta el tratado; declaró que contenía elementos definitivos de una nueva guerra y deploró en particular la disposición sobre el corredor de Danzig.

Arthur Henderson y muchos hombres públicos se unieron a la denuncia, pero en vano. Sin embargo, desde el punto de vista de los hombres que preveían otra guerra, nada podría haber sido más beneficioso que este inicuo tratado que convirtió a Alemania en una víctima expiatoria en el gran juego de influencia judía.

En su texto se escribieron todo tipo de injusticias flagrantes. Además del corredor y la posición de Danzig, se creó un estado bastardo, en el que los alemanes, eslovacos, etc., que formaban la mayoría del país, habían sido puestos bajo el control tiránico de la minoría checa, que a su vez se había puesto del lado de los judíos bolcheviques y había combatido a los aliados en 1918.

El diseño de este estado era tal, desde el punto de vista geográfico, que se le llamó con razón una daga en el corazón de Alemania. Se le dio el excéntrico nombre de Checoslovaquia.

Toda la vida industrial, desde el enorme arsenal de Skoda hacia abajo, estaba controlada por los intereses bancarios judíos, mientras que tenemos pruebas, según Lord Winterton, de que prácticamente toda la tierra estaba hipotecada a los judíos (*Hansard*, octubre de 1936).

Bajo esta dominación mesiánica, se esclavizaron enormes franjas de población, pertenecientes a otras naciones, ahora condenadas a ser retenidas por la fuerza hasta que un país fuera lo suficientemente fuerte e independiente como para defenderlas.

Esta eventualidad fue, en mi opinión, visualizada y de hecho alentada, como sabemos, por los enormes préstamos hechos a Alemania por los banqueros judíos internacionales.

No olvidemos que mientras los banqueros judíos vertían dinero en Alemania, que reconstruía la Wehrmacht a una escala sin precedentes, en este país se lanzó una colosal campaña por la paz y el desarme. Esta campaña no sólo consiguió desarmarnos sustancialmente, sino también crear un ambiente en el que el Sr. Baldwin tuvo que admitir que no era el único. Baldwin tuvo que admitir que no se atrevía a ir al país a pedir más armamento, aunque sabía que nuestras necesidades de fuerzas de mar, aire y tierra eran vitales. [11]

Para cualquiera que haya estudiado, como yo lo he hecho, las personalidades y los poderes que están detrás de esta supuesta propaganda por la paz, no hay duda del origen del verdadero impulso y de la financiación.

Para cualquiera que aprecie la actitud de la prensa de la época, y se dé cuenta de que si esta propaganda de desarme hubiera disgustado a los que influyen en nuestros órganos de prensa, se habría desatado un torrente de invectivas contra nuestros "balistas de la paz"; hay una prueba más de que esta campaña contó con el apoyo de la judería internacional, al igual que el rearme de Alemania. ¿Pero por qué? Sólo los ingenuos preguntarán.

La respuesta es bastante sencilla, si se entiende el objetivo del plan judío.

> "De la última guerra creamos los Estados Soviéticos de Rusia; de la próxima guerra crearemos los Estados Soviéticos de Europa..."

había sido la declaración hecha en una reunión mundial de partidos comunistas alrededor de 1932. Por lo tanto,

---

[11] Todo esto, por supuesto, antes del ascenso de Hitler.

para que la próxima guerra fuera posible, había que cambiar el equilibrio, reforzar la fuerza alemana y reducir la británica.

Los europeos pueden entonces luchar entre sí hasta que uno muera y el otro esté completamente agotado.

A ambas partes les esperaba una dramática sorpresa. Ninguno de los dos bandos sería el verdadero ganador. El verdadero ganador sería un ejército completamente diferente. Este ejército es el que recibirá más atención. Durante 25 años se formaría en gran secreto. Sus líderes sólo mostrarán su fuerza cuando el conflicto esté bien encaminado.

Sólo en un momento crítico de la guerra se permitirá a los ejércitos europeos adivinar la existencia de las enormes fábricas [12]más allá de los Urales, o las colosales proporciones de las hordas fuertemente mecanizadas que entonces comenzarán a rodar hacia el oeste, hacia Europa, bajo la bandera roja del marxismo.

En marzo de 1939, Chamberlain dio una garantía británica a Polonia basándose en la falsa información de que Alemania había dado un ultimátum de 48 horas a los polacos.

Más tarde se demostró que este informe era

---

[12] Estas "gigantescas fábricas" y las "colosales proporciones de las hordas fuertemente mecanizadas" se deben a la financiación del pueblo estadounidense, a través de la Lend Lease Act, implementada antes de que los estadounidenses fueran absorbidos por esta guerra, y detallada en los diarios del Mayor Jordan (George Racey Jordan).

completamente falso. Sin embargo, la garantía se había dado, y la decisión de paz o guerra ya no estaba en manos británicas. La judería tenía la pelota a sus pies. ¿Se puede dudar de que Polonia se animó a ignorar la nota alemana de marzo que presentaba sugerencias eminentemente razonables para una solución pacífica del problema del Corredor?

Mes tras mes, Polonia no respondió a la nota alemana. Mientras tanto, los insultos y atropellos se sucedían con sospechosa frecuencia a lo largo de la frontera alemana, de forma similar a la técnica que los judíos introdujeron más tarde a los británicos en Palestina.

Día tras día, la opinión pública británica se ve inundada de propaganda de guerra y de tergiversaciones de la situación. Finalmente, un nuevo eslogan ha cerrado sus mentes para que ya no atiendan a las exigencias de la justicia o la razón,

"No puedes confiar en la palabra de Hitler".

Gracias a esta mentira, la opinión pública británica acabó rechazando toda razón y juicio y aceptando a pies juntillas la propaganda de guerra difundida por la prensa.

Este eslogan se basaba en una distorsión de la garantía dada por Hitler en más de una ocasión después de un "putsch" como el de los Sudetes, de que "no tenía intención de hacer más demandas".

La distorsión de los hechos radica en que la prensa ocultó constantemente el importante hecho de que las "demandas" a las que se refería Hitler eran de carácter quíntuple y abarcaban las cinco regiones arrebatadas a Alemania por una paz dictada en la que la población era abrumadoramente alemana, a saber, los Sudetes, partes de Checoslovaquia, partes de Polonia, el Corredor y Danzig.

Como las tropas alemanas ocuparon cada sección sucesiva, creo que es correcto decir que Hitler dijo que no tenía más exigencias que hacer. Pero hay que aclarar aquí, en aras de la justicia, que nunca dijo que esto implicara una reducción de los requisitos que ya había definido inicialmente con mucha claridad, y repetido muchas veces, a saber, las cinco zonas en cuestión.

La prensa británica engañó a la opinión pública para que supusiera que cuando Hitler dijo que no tenía más exigencias, no había habido nunca una declaración de todas sus exigencias, algunas de las cuales seguían sin cumplirse. Se hizo creer al público en general que Hitler nunca había hecho más demandas, o que las había abandonado tan pronto como había obtenido satisfacción en algunas de ellas.

Por lo tanto, cuando se añadió el siguiente tramo, la prensa construyó sobre este malentendido la falacia de que no se podía confiar en la palabra de Hitler. Los negocios honestos no necesitan tales trucos y engaños. Estos métodos sólo son necesarios para apoyar causas malvadas o injustas.

Afortunadamente, contamos con el juicio sereno y desapasionado del difunto Lord Lothian, reciente embajador británico en Estados Unidos, en su último discurso en Chatham House sobre este tema:

"Si el principio de autodeterminación se hubiera aplicado a favor de Alemania, como se hizo en su contra, habría significado la devolución al Reich de los Sudetes, Checoslovaquia, partes de Polonia, el Corredor Polaco y Danzig".

Esta es una presentación del caso muy diferente a la que se le endilgó al público británico en 1939, y es la verdadera. No es de extrañar que estos hechos se hayan ocultado al ciudadano de a pie.

Si la opinión pública británica se hubiera dado cuenta de que cada una de las exigencias de Hitler tenía una base razonable en la justicia, el pueblo británico habría descartado cualquier cuestión de guerra; y fue la guerra, no la verdad ni la justicia, a lo que recurrió la judería internacional.

LA "GUERRA FALSA" TERMINA EN BOMBARDEOS CIVILES

Aunque en septiembre de 1939 se declaró el estado de guerra entre Gran Bretaña y Alemania, pronto quedó claro que Alemania no estaba en guerra contra este país.

Esto no fue una sorpresa para quienes conocían los detalles del caso. Hitler había dejado claro en muchas ocasiones que nunca había tenido la intención de atacar o dañar a Gran Bretaña o al Imperio Británico. Con la Línea Sigfrido firmemente mantenida, y sin que los alemanes tuvieran intención de aparecer al oeste de la misma, el estancamiento en el oeste, o la "guerra falsa", como llegó a conocerse, acabaría por extinguirse por completo en ausencia de bombardeos sobre la población civil.

Nadie se dio cuenta de esto más rápido que los belicistas pro-judíos; y ellos y sus amigos dentro y fuera de la Cámara de los Comunes muy pronto comenzaron a presionar para esta forma de bombardeo de Alemania.

El 14 de enero de 1940, el *Sunday Times* publicó una carta de un corresponsal anónimo, que preguntaba por qué no utilizábamos nuestro poder aéreo "para aumentar el efecto del bloqueo".

" El Escrutador, en el mismo número, comentó la carta de la siguiente manera:

> "Esta extensión de la ofensiva se convertiría inevitablemente en un susto competitivo. Podría imponerse en represalia por una acción enemiga, y debemos ser capaces de tomar represalias si es necesario. Pero el bombardeo de ciudades industriales, con su inevitable pérdida de vidas civiles -eso es lo que provocaría- sería incompatible con el espíritu, si no con las palabras reales, de los compromisos asumidos por ambos bandos al inicio de la guerra."

La cita anterior procede de un libro titulado *Bombing Vindicated*, publicado en 1944 por el Sr. J. M. Spaight, C.B., C.B.E., que fue subsecretario principal del Ministerio del Aire durante la guerra. Como sugiere el título, este libro es un intento de justificar el uso indiscriminado de bombarderos contra la población civil. En él, el Sr. Spaight se jacta de que esta forma de bombardeo "salvó a la civilización" y revela el sorprendente hecho de que fue **Gran Bretaña quien comenzó esta despiadada forma de guerra la misma noche en que el Sr. Churchill se convirtió en Primer Ministro, el 11 de mayo de 1940.**

En la página 64 de su libro, el Sr. Spaight da otro dato que hace más sorprendente este repentino cambio en la política británica, al afirmar que los gobiernos británico y francés hicieron una declaración el 2 de septiembre de 1939 en la que decían

> "Sólo se bombardearían objetivos estrictamente

militares, en el sentido más estricto de la palabra".

Esta declaración, por supuesto, fue hecha cuando el Sr. Chamberlain era Primer Ministro; y ningún hecho podría quizás delinear y diferenciar más claramente la diferencia de carácter y comportamiento entre el Sr. Chamberlain y el Sr. Churchill.

El 27 de enero de 1940, trece días después de la carta del *Sunday Times* ya citada, el *Daily Mail* dio su aprobación editorial a las opiniones expresadas en ese número por el Scrutator; dedicó un artículo principal, escribe el Sr. Spaight, a combatir la sugerencia del Sr. Amery y otros de comenzar a bombardear Alemania.

Sir Duff Cooper había escrito el día anterior en el mismo periódico que

> "Parece que hay una especie de tregua no escrita entre los dos beligerantes, en los términos tácitos de que no se bombardearán mutuamente".

En vista de la declaración de Gran Bretaña y Francia del 2 de septiembre de 1939 de que bombardearían "sólo objetivos militares en el sentido más estricto de la palabra", la verborrea de Sir Duff Cooper sobre "una especie de tregua no escrita" me parece gravemente reductora, aunque sea honesta.

En la Cámara de los Comunes, los belicistas pro-judíos se volvieron cada vez más intransigentes y decididos a sabotear las posibilidades de convertir la "guerra falsa" en una paz negociada. Y ello a pesar de que Gran Bretaña no tenía nada que ganar con otra guerra total, sino que su interés residía en una resolución concertada con Alemania.

Los judíos, por supuesto, tenían todo que perder en una paz que dejara intacto el sistema monetario alemán sin oro y el gobierno sin judíos, sin beneficios para la comunidad de financieros parasitarios sin Estado.

Cada día tenía más claro que esta lucha por la cuestión de los bombardeos civiles era el quid de todo el asunto, y que sólo con este método de guerra los judíos y sus aliados podrían cortar el nudo gordiano del estancamiento y lograr la paz, y probablemente más tarde un ataque conjunto contra el bolchevismo judío en Rusia.

En consecuencia, el 15 de febrero de 1940, formulé la siguiente pregunta al Primer Ministro:

> El capitán Ramsay preguntó al Primer Ministro: "¿Podrá asegurar a la Cámara que el Gobierno de Su Majestad no asentirá a las sugerencias que se le han hecho, para abandonar los principios que le han llevado a denunciar el bombardeo de poblaciones civiles en España y en otros lugares, y a comprometerse con esa política?"

El propio Sr. Chamberlain respondió en términos contundentes:

> "No estoy al tanto de las sugerencias a las que se refiere mi honorable y galante amigo. La política del Gobierno de Su Majestad en este asunto fue expuesta en su totalidad por mí en respuesta a una pregunta formulada por el Honorable Miembro de Bishop Auckland (Sr. Dalton) el 14 de septiembre.

Como parte de esa respuesta, dije que, independientemente de lo que hagan otros, el Gobierno de Su Majestad nunca recurrirá al ataque deliberado contra mujeres y niños, y otros civiles, con fines meramente terroristas. No tengo nada que añadir a esa respuesta".

Esta pregunta y la respuesta fueron obviamente muy desagradables para los belicistas, así que decidí llevar el asunto más allá. El 21 de febrero hice otra pregunta sobre el tema:

El capitán Ramsay preguntó al Primer Ministro: "¿Es consciente de que la aviación soviética está llevando a cabo una campaña de bombardeo de poblaciones civiles, y si el Gobierno de Su Majestad ha enviado protestas al respecto, similares a las enviadas durante la Guerra Civil española en circunstancias parecidas?

El Sr. Butler respondió por el Primer Ministro:

"Sí, señor. Las fuerzas aéreas soviéticas han llevado a cabo una política de bombardeo indiscriminado, que no puede ser condenada con demasiada firmeza. El Gobierno de Su Majestad, sin embargo, no ha protestado, ya que, lamentablemente, no hay razón para suponer que tal acción lograría el resultado deseado."

No cabe duda de que estas dos respuestas directas cristalizaron la voluntad de los belicistas de deshacerse de un Primer Ministro cuya adhesión a una política recta y humana frustraría inevitablemente sus planes, dado que Hitler no quería la guerra con Gran Bretaña y, por tanto, nunca iniciaría él mismo los bombardeos civiles.

Los mecanismos de intriga y rebelión contra el Sr.

Chamberlain se pusieron en marcha. Al final, se le culpó de la metedura de pata de Noruega, y este pretexto fue utilizado por la bancada eclesiástica y socialista para asegurar su caída.

Debe recordarse a este respecto que antes y durante la apuesta de Noruega el Sr. Churchill había sido investido de plenos poderes y responsabilidades para todas las operaciones navales, militares y aéreas; y si alguien merecía, por tanto, ser quebrantado por esta segunda Galípoli (perseguida desafiando a la alta autoridad naval que advertía que sin el control del Cattegat y el Skaggerack no podría tener éxito), debía ser el ministro responsable.

Sin embargo, no sólo no fue derrotado, sino que fue aclamado como Primer Ministro. El hombre que rompería el compromiso británico del 2 de septiembre de 1939 y empezaría a bombardear a los civiles alemanes era el hombre adecuado para los belicistas que ahora gobernaban el país.

Así que los bombardeos civiles [por parte de Gran Bretaña] comenzaron la noche en que el arquitecto del fiasco noruego se convirtió en Primer Ministro, es decir, el 11 de mayo de 1940.

DUNKIRK Y MÁS ALLÁ

El eminente crítico militar capitán Liddell Hart escribió un libro sobre los acontecimientos militares de 1939-45, que se publicó en 1948 y se tituló *The Other Side of the Hill*.

El capítulo 10 -que trata de la invasión alemana de Francia hasta Dunkerque inclusive- se titula, de forma un tanto sorprendente, "Cómo Hitler venció a Francia y salvó a Gran Bretaña".

La lectura del capítulo en sí asombrará a todos los ciegos de la propaganda incluso más que el título: porque el autor demuestra que no sólo Hitler salvó a este país, sino que no fue el resultado de un factor imprevisto, o de una indecisión, o de una locura, sino que fue un objetivo definido, basado en un principio que había enunciado hace tiempo y que había mantenido fielmente.

Después de dar detalles de cómo Hitler detuvo perentoriamente al Cuerpo Panzer el 22 de mayo, y lo mantuvo inactivo durante los días vitales hasta que, de hecho, las tropas británicas habían abandonado Dunkerque, el capitán Liddell Hart cita el telegrama de Hitler a Von Kleist:

"Las divisiones blindadas deben permanecer a una

distancia de artillería media de Dunkerque. El permiso sólo se concede para movimientos de reconocimiento y protección.

Von Kleist decidió ignorar la orden, nos dice el autor. Para citarlo de nuevo:

"Luego llegó una orden más definitiva de que me retirara detrás del canal. Mis tanques estuvieron allí durante tres días".

A continuación, el autor relata una conversación que tuvo lugar el 24 de mayo (es decir, dos días después) entre Herr Hitler y el mariscal de campo Von Runstedt, y dos hombres clave de su personal:

"Luego nos sorprendió hablando con admiración del Imperio Británico, de la necesidad de su existencia y de la civilización que Gran Bretaña había aportado al mundo...

Compara el Imperio Británico con la Iglesia Católica, diciendo que ambos son elementos esenciales de estabilidad en el mundo. Afirma que lo único que espera que haga Gran Bretaña es reconocer la posición de Alemania en el continente.

La devolución de las colonias perdidas por Alemania sería deseable, pero no esencial, e incluso se ofrecería a apoyar a Gran Bretaña con tropas, si se viera envuelta en dificultades en algún lugar.

Concluyó diciendo que su objetivo era hacer la paz con Gran Bretaña sobre una base que ella encontraría compatible con su honor para aceptar."

El capitán Liddell Hart comenta lo siguiente:

> "Si el ejército británico hubiera sido capturado en Dunkerque, el pueblo británico podría haber sentido que su honor había sufrido una mancha, que tenía que borrar. Dejándolo escapar, Hitler esperaba conciliarlos. Esta convicción del motivo más profundo de Hitler fue confirmada por su actitud extrañamente dilatoria en los planes posteriores para la invasión de Gran Bretaña."
>
> "Mostró poco interés en los planes", dijo Blumentritt, "y no hizo ningún esfuerzo para acelerar la preparación. Esto era muy diferente de su comportamiento habitual. Antes de la invasión de Polonia, Francia y, más tarde, Rusia, había dado en varias ocasiones el impulso, pero esta vez se mantuvo en un segundo plano".

El autor continúa:

> "Como el relato de su conversación en Charleville, y su posterior contención, proviene de un sector de los generales, que hacía tiempo que sospechaban de la política de Hitler, esto hace que su testimonio sea aún más notable".

Y más tarde dice:

> "Significativamente, su relato de los pensamientos de Hitler sobre Inglaterra en la hora decisiva antes de Dunkerque, se corresponde con mucho de lo que él mismo escribió antes en *Mein Kampf*; y es notable lo cerca que siguió su propia Biblia en otros aspectos".

Cualquiera que haya leído *Mein Kampf* apreciará inmediatamente la exactitud de la afirmación anterior. De hecho, es un eufemismo. Hay dos temas principales que recorren este notable libro, como he mostrado en un capítulo anterior: uno, una descripción y denuncia detallada de la maquinaria capitalista-revolucionaria judía; el otro, la admiración y el deseo de amistad con Gran Bretaña y el Imperio Británico en general.

Es una lástima que tan pocas personas en esta isla hayan leído este libro por sí mismas; y es una tragedia que, en cambio, se hayan tragado las distorsiones sin escrúpulos y la propaganda engañosa sobre el tema, alimentada por la maquinaria publicitaria judía, que opera a través de nuestra prensa y radio.

Que intenten conseguir un ejemplar de este libro y, si no lo encuentran, que se digan que si su contenido confirma las mentiras que les han contado sobre él y su autor, los poderes que están detrás de nuestra prensa se encargarán de que todo el mundo pueda conseguir un ejemplar al menor precio posible.

En cualquier caso, invito a mis compatriotas a reflexionar seriamente sobre los siguientes hechos.

El judío Karl Marx estableció que el bolchevismo nunca podría triunfar realmente hasta que el Imperio Británico fuera completamente destruido.

Hitler afirmó que el Imperio Británico era un elemento esencial de estabilidad en el mundo e incluso se declaró dispuesto a defenderlo con tropas, si se viera envuelto en dificultades en algún lugar.

A través de una propaganda sin escrúpulos a una escala sin precedentes, este país fue llevado a destruir a aquellos que querían ser sus amigos y que ofrecieron sus vidas para defenderlo, y a exaltar a aquellos que proclamaron su destrucción como condición previa necesaria para el éxito de su ideología, perdiendo así su imperio y su independencia económica.

LA FORMA DE LAS COSAS POR VENIR

Si el nuevo conocimiento de la ansiedad de Hitler por la preservación del Imperio Británico sorprendió recientemente a muchos en este país, seguramente debe haber sido una verdadera conmoción para ellos saber que el presidente Roosevelt, por otra parte, era su enemigo empedernido; que no sólo era un procomunista de origen judío, sino que antes de llevar a Estados Unidos a la guerra había dejado claro que deseaba aplastar el Imperio Británico.

Su hijo, el coronel Elliot Roosevelt, explica este último punto con mucha claridad en su libro *As He Saw It*, recientemente publicado en Estados Unidos.

En las páginas 19 a 28 de este libro, el coronel Roosevelt nos cuenta que, en agosto de 1941, su padre, después de haber hecho creer al pueblo estadounidense que iba a pescar, acudió realmente a una reunión con el Sr. Churchill en un buque de guerra en la bahía de Argentia.

Según él, estaban presentes Lord Beaverbrook, Sir Edward Cadogan y Lord Cherwell (el profesor Lindeman, de dudosa raza y nacionalidad), y el Sr. Averell Harriman.

En la página 35, cita a su padre diciendo,

> "Después de la guerra... debe haber la mayor libertad de comercio posible... sin barreras artificiales".

El Sr. Churchill se refirió a los acuerdos comerciales del Imperio Británico, y el Sr. Roosevelt respondió:

> "Sí. Estos acuerdos comerciales del Imperio son un buen ejemplo. Por su culpa, los pueblos de la India, de África y de todo el Oriente Próximo colonial siguen tan atrasados...
>
> No puedo creer que podamos luchar en una guerra contra la esclavitud fascista y, al mismo tiempo, no trabajar para liberar a los pueblos de todo el mundo de una política colonial retrógrada."

"La paz", dice el Padre con firmeza, "no puede incluir ningún despotismo continuado".

Esta retórica insolente contra el Imperio Británico llegó a ser tan pronunciada que en la página 31, el Coronel Roosevelt informa que el Sr. Churchill dijo,

> "Sr. Presidente, creo que está tratando de deshacerse del Imperio Británico".

Este comentario estaba muy cerca de la realidad, ya que el Presidente había hablado de la India, Birmania, Egipto, Palestina, Indochina, Indonesia y todas las colonias africanas que iban a ser "liberadas".

En la página 115, el Coronel informa que su padre dijo:

"No pienses ni por un momento, Elliot, que los americanos estarían muriendo en el Pacífico esta noche si no fuera por la avaricia miope de los franceses, británicos y holandeses. ¿Debemos dejar que lo hagan de nuevo?"

Sin embargo, estas no fueron en absoluto las razones aducidas para la guerra, y por las que los estadounidenses pensaron que morirían; de hecho, el Presidente no hace ninguna referencia a los pretextos dados a sus compatriotas para la guerra.

A los británicos, que están muriendo en mayor número, se les ha dicho en cambio que están muriendo para defender su Imperio contra los malvados planes de Hitler. Poco saben que es su supuesto aliado quien está planeando su destrucción.

En la página 116 se cita al Presidente:

"Cuando hayamos ganado la guerra, me encargaré de que los Estados Unidos no sean inducidos a idear planes que ayuden o apoyen al Imperio Británico en sus ambiciones imperialistas".

Y unas cuantas páginas después:

"He intentado hacer entender a Winston y a los demás... que nunca deben hacerse a la idea de que sólo estamos aquí para ayudarles a aferrarse a ideas arcaicas y medievales del Imperio".

Los que cenan con el diablo necesitan una cuchara larga. El Sr. Churchill, el autoproclamado "arquitecto constante del futuro judío", se encontró con un papel secundario frente a un arquitecto de aún más confianza; tan eminente, de hecho, que ni siquiera creyó conveniente mostrar ningún respeto por el Imperio Británico.

El primer Moisés, Karl Marx, hacía tiempo que había denunciado el Imperio, y en 1941 sólo los insensatos opositores al judaísmo y al marxismo, como Herr Hitler, estaban dispuestos a defender el Imperio, porque lo reconocían como un baluarte de la civilización cristiana.

Aunque, como hemos visto, el Sr. Churchill se muestra en este libro como un poco irascible de vez en cuando debido a las declaraciones del Presidente sobre la liquidación del Imperio, esto no le impidió aparecer más tarde en la Cámara de los Comunes como "el ardiente lugarteniente de Roosevelt".

El Sr. Churchill no explicó en qué circunstancias particulares el Primer Ministro del Rey podía ser un ardiente lugarteniente de un Presidente republicano, cuyo designio era destruir el imperio de ese monarca, y aún no lo ha hecho. En otra ocasión, el Sr. Churchill hizo un comentario igualmente enigmático. Aseguró a la Cámara de los Comunes,

> "No es parte de mi trabajo presidir la liquidación del Imperio Británico".

¡No, en efecto! Tampoco era su deber, cuando se le comunicó que iba a ser liquidado, declararse el ardiente lugarteniente del futuro liquidador. Podríamos añadir que, cuando era Ministro de Defensa, con el Almirantazgo y otros códigos a su disposición, tampoco le correspondía, como lugarteniente del Sr. Chamberlain, aunque no fuera ardiente, mantener una correspondencia personal como la que mantuvo con el Presidente Roosevelt por medio del código de alto secreto del Ministerio de Asuntos Exteriores estadounidense.

EL PAPEL DEL PRESIDENTE ROOSEVELT

En mi declaración al Presidente y a los miembros de la Cámara de los Comunes sobre mi detención (véase el Anexo 1), resumí al final de la Parte I las consideraciones que me llevaron a inspeccionar los documentos secretos de la Embajada de Estados Unidos en el piso del Sr. Tyler Kent durante las últimas semanas del Sr. Chamberlain como Primer Ministro.

Las dos primeras de estas seis consideraciones son:

Al igual que muchos miembros de ambas Cámaras del Parlamento, yo era plenamente consciente de que entre los organismos, tanto aquí como en el extranjero, que habían participado activamente en la promoción de la animosidad entre Gran Bretaña y Alemania, la judería organizada, por razones obvias, había desempeñado un papel destacado.

Sabía que Estados Unidos era la sede de la judería y, por tanto, el centro real, aunque no aparente, de sus actividades. No fue hasta 1948 cuando llegaron a mis manos pruebas corroborantes de lo anterior, procedentes de fuentes americanas impecables; pero cuando lo hicieron, la autenticidad y la naturaleza totalmente documentada de la obra no dejaron nada que desear.

Me refiero al libro del profesor Charles Beard, *President Roosevelt and the Coming of the War* 1941, que fue publicado por Yale University Press en abril de 1948. Este libro, que va acompañado de la plena autoridad de su distinguido autor, es nada menos que una formidable acusación contra el presidente Roosevelt en tres puntos principales.

En primer lugar, fue elegido sobre la base de repetidas promesas de que mantendría a Estados Unidos fuera de cualquier guerra en Europa; en segundo lugar, ignoró repetida y flagrantemente no sólo sus promesas al pueblo estadounidense, sino también todas las leyes de neutralidad; en tercer lugar, en un momento predeterminado, convirtió deliberadamente esta Guerra Fría que estaba librando en una guerra armada, al enviar a los japoneses un ultimátum que nadie podía imaginar que pudiera conducir a otra cosa que no fuera una guerra inmediata.

Entre los numerosos ejemplos citados en relación con la primera pregunta, cito uno:

"En Boston, el 30 de octubre de 1940, él (F.D.R.) fue aún más enfático, pues dijo allí:

> Ya lo he dicho antes, pero lo repetiré una y otra vez: sus muchachos no serán enviados a ninguna guerra extranjera;

Y el 29 de diciembre :

Así que puedes considerar cualquier conversación sobre el envío de ejércitos a Europa como una falsedad deliberada".

El profesor Beard continúa demostrando que mientras Roosevelt pronunciaba estos discursos, trataba las leyes internacionales de neutralidad con total desprecio, y en el único interés de los que libraban las batallas de los judíos. Las dos formas principales de intervención sin fuego fueron el convoy de barcos estadounidenses con municiones y suministros para los Aliados, y la Ley de Arrendamiento.

Cualesquiera que sean nuestros sentimientos al apreciar la ayuda prestada a los arsenales y a la marina de los Estados Unidos por estas dos decisiones del Sr. Roosevelt durante la Guerra Fría, nadie puede afirmar que hayan sido acordes con sus compromisos con el pueblo estadounidense o con los principios fundamentales del derecho internacional en materia de neutralidad.

Estas acciones del Presidente fueron objeto de un discurso muy claro en el Congreso. Representante U. dijo Burdick, de Dakota del Norte:

> "Toda nuestra ayuda a Gran Bretaña puede significar cualquier cosa... Vender sus suministros es una cosa... vender sus suministros y convoyarlos es otra, tener una guerra real es el último recurso - ¡ese recurso se hace inevitable a la primera!"

El representante Hugh Paterson de Georgia dijo:

> "Esta es una medida de guerra agresiva".

El representante Dewey Short de Missouri dijo:

> "No se puede estar medio en la guerra y medio fuera de la guerra... Se puede vestir esta medida todo lo que se quiera (Lend-Lease), se puede rociar con perfume y espolvorear con polvo... pero sigue siendo sucia y sospechosa en el más alto grado".

El representante Philip Bennett de Missouri dijo:

> "Esta conclusión es ineludible, a saber, que el Presidente está reconciliado con la intervención militar activa si dicha intervención es necesaria para derrotar al Eje en esta guerra.
>
> Pero nuestros chicos no van a ser enviados al extranjero", dice el Presidente.
>
> Esto es absurdo, Sr. Presidente; mientras hablamos, se están construyendo sus literas en nuestros barcos de transporte. Mientras hablamos, las etiquetas de identificación de los muertos y heridos están siendo impresas por William C. Ballantyne and Co. de Washington.

El profesor Beard demuestra ampliamente el tercer punto, mostrando cómo, en el momento oportuno, el presidente Roosevelt obligó a los japoneses a entrar en la guerra con un ultimátum que exigía el cumplimiento inmediato de unas condiciones que nunca podrían haber sido aceptadas por ningún país. "El memorando que el senador Hull, con la aprobación del presidente Roosevelt, entregó a Japón el 26 de noviembre de 1941... representaba las condiciones máximas de una política estadounidense para todo Oriente", escribe el profesor Beard, y continúa

> "No hacía falta un conocimiento profundo de la historia, las instituciones y la psicología japonesas para justificar [...] en primer lugar que ningún gabinete japonés, "liberal o reaccionario", podría haber aceptado estas disposiciones".

Y más tarde aún:

> "El agente japonés consideró el memorando americano como una especie de ultimátum. Al menos eso es lo que el Secretario Hull sabía el 26 de noviembre".

De este modo, el período de máxima intervención, sin llegar a la guerra armada, terminó, y Roosevelt pudo salvar la cara enviando a los chicos estadounidenses al extranjero sin romper aparentemente el espíritu de sus muchas promesas.

A medida que la guerra avanzaba, las verdaderas políticas y simpatías del Presidente se hacían cada vez más evidentes. Su engaño a los británicos y a sus aliados no fue menos flagrante que su engaño al pueblo estadounidense.

Como señala el profesor Beard en la página 576:

> "Los nobles principios de las Cuatro Libertades y la Carta del Atlántico fueron, a efectos prácticos, descartados en los acuerdos que acompañaron el progreso y siguieron a la conclusión de la guerra.
>
> El tratamiento de los pueblos de Estonia, Lituania, Polonia, Rumania, Yugoslavia, China, Indochina, Indonesia, Italia, Alemania y otros lugares del planeta atestiguan la validez de esta afirmación."

Está claro que hubo una gran fuerza impulsora para conseguir que un presidente de los Estados Unidos hiciera esto.

Ya vimos en un capítulo anterior que no fue la conservación del Imperio Británico, ni del Imperio Francés, ni de los Países Bajos, lo que influyó en el Presidente. Por el contrario, había aconsejado a su ardiente lugarteniente, el Sr. Churchill, al comienzo de la Guerra Fría, que los liquidara.

No fue Europa, ni los países de Europa, ni sus libertades, ni los derechos de la Carta Atlántica de las Cuatro Libertades lo que le frenó en sus intenciones iniciales.

Ahora sabemos que los ejércitos británico y estadounidense fueron de hecho detenidos por el general Ike Eisenhower de acuerdo con las decisiones del Sr. Roosevelt en la Conferencia de Yalta, para que el Ejército Rojo del bolchevismo judío pudiera invadir media Europa y ocupar Berlín.

Citando de nuevo al profesor Beard:

> "Como resultado de la guerra que se dice necesaria para derrocar el despotismo de Hitler, otro despotismo ha sido elevado a un nivel superior de poder".

En conclusión, el profesor Beard condensa las numerosas acusaciones contra el Presidente expuestas en su libro en 12 cargos principales, y afirma:

> "Si estos precedentes se mantienen, y proporcionan sanciones para la conducción continua de los asuntos

de Estados Unidos, la Constitución puede ser revocada por el Presidente y los funcionarios que han tomado el juramento del cargo y tienen la obligación moral de defenderla.

En lugar del gobierno limitado por la ley suprema, pueden sustituir el gobierno personal y arbitrario -el primer principio del sistema totalitario contra el que se afirma que se luchó en la Segunda Guerra Mundial- al tiempo que reclaman el principio del gobierno constitucional."

Cuando uno reflexiona sobre el asombroso contenido del libro del profesor Beard y lo compara con las revelaciones del coronel Roosevelt en *As He Saw It*, surge la pregunta: ¿a quién y a qué intereses no traicionó el presidente Roosevelt?

A esta pregunta sólo veo una respuesta, a saber, la de aquellas personas y sus intereses que planearon desde el principio utilizar los arsenales y las fuerzas de los Estados Unidos para llevar a cabo una guerra que acabara con una Europa que se había **liberado del** control **judío del oro** y la revolución: gente que planeaba disolver el Imperio Británico, para forjar cadenas de deudas impagables, con las que podrían obligar a Gran Bretaña a hacerlo; y para permitir a los soviéticos "dominar Europa como un coloso", es decir, la judería internacional.

REGLAMENTO 18B

El 23 de mayo de 1940, en la primera quincena de la presidencia del Sr. Churchill, varios centenares de súbditos británicos, muchos de ellos ex militares, fueron repentinamente detenidos y encarcelados en virtud del Reglamento 18B.

Durante algunos días, toda la prensa había estado llevando a cabo una campaña torbellino, in crescendo, contra una supuesta quinta columna en este país, que, se decía, estaba esperando para ayudar a los alemanes en su desembarco.

La falsedad de esta campaña queda demostrada por el hecho de que nuestro servicio de inteligencia más competente nunca ha aportado la más mínima prueba de tal conspiración, ni prueba de ningún plan u orden relacionado con ella, ni la complicidad de un solo hombre detenido en tal empresa. [13]

---

[13] Mientras lee esto, piense en las mentiras sobre el supuesto almacenamiento de armas de destrucción masiva de Saddam Hussein para justificar la masacre en Irak. No los había, o se habrían utilizado, ¿no? Y recuerda el comentario de G.W. Bush al principio, cuando

Si se hubieran aportado esas pruebas, los implicados habrían sido sin duda acusados y juzgados, y con razón. Pero no ha habido ni un solo caso de un hombre detenido en virtud del artículo 18B que sea súbdito británico y que haya sido acusado.

Una mujer, la esposa de un prominente almirante, la Sra. Nicholson, fue acusada de cuatro cargos. Fue juzgada por un juez y un jurado y absuelta de todos los cargos. Sin embargo, esto no impidió que la detuvieran a la salida del juzgado, la absolvieran y la metieran en la cárcel de Holloway en virtud de la norma 18B, donde permaneció durante años.

El Reglamento 18B se introdujo originalmente para hacer frente a ciertos miembros del I.R.A., que estaban cometiendo una serie de delitos menores sin sentido en Londres. Sin este reglamento, ningún teniente de Su Majestad en el Reino Unido podría ser detenido y encarcelado por sospecha.

Esta práctica se había abandonado durante mucho tiempo en este país, excepto en períodos cortos de conspiración grave y probada, y en tales ocasiones el Habeas Corpus siempre se suspendía.

La Ley 18B revive el proceso medieval de detención y encarcelamiento por sospecha sin suspensión del Habeas Corpus. De hecho, se trata de una vuelta al sistema de

---

declaró la "guerra contra el terror": "Si no estás a nuestro favor, estás contra nosotros". Así que los que están en contra de la guerra interminable son sospechosos y acusados de ser terroristas. Cuanto más cambian las cosas, más se mantienen igual. Nde.

Lettres de Cachet, [14]por el que se condenaba a la Bastilla a las personas en la Francia prerrevolucionaria.

Hay que recordar que estas personas gozaban de plenas relaciones sociales con sus familias y tenían derecho a sus propios sirvientes, a su propia vajilla, a su propia lavandería, a su propia comida y bebida mientras estaban en prisión; un trato muy diferente del que recibían los detenidos en virtud del artículo 18B, cuyo trato durante un tiempo era poco diferente del de los delincuentes comunes y, de hecho, peor que el de cualquier acusado.

Estos atropellos del I.R.A. eran tan triviales en sí mismos y tan aparentemente sin sentido, en una época en la que no había diferencias marcadas entre este país y el Estado Libre de Irlanda, que comencé a investigar.

No me sorprendió descubrir que miembros especiales del I.R.A. habían sido reclutados para cometer estos atropellos y que eran prácticamente todos comunistas.

Me enteré por una excelente fuente de que el Club del Libro de Izquierda de Dublín había participado activamente en este asunto; y finalmente llegaron a mis manos los nombres de 22 de estos hombres; y de nuevo me enteré por una excelente fuente de que **todos** eran **comunistas**.

En cuanto recibí esta información, formulé una pregunta al Ministro del Interior y me ofrecí a proporcionar la

---

[14] En francés en el original.

información necesaria si se trataba el asunto. Mis esfuerzos fueron infructuosos. Sin embargo, estos atropellos de inspiración comunista condujeron a la introducción del Reglamento 18 B. [15]

Aunque la I.R.A. se utilizó como excusa en la Cámara para un acuerdo, casi ninguno de sus miembros fue arrestado en virtud de ella; pero a su debido tiempo se utilizó para arrestar y detener durante 4 o 5 años, sin cargos, a varios cientos de súbditos británicos, cuyo único denominador común era que se oponían al dominio judío de este país en general, y a sus esfuerzos por llevarlo a la guerra en interés puramente judío en particular.

Ahora sabemos que el comunismo está controlado por los judíos.

Si la judería marxista necesitaba una forma de conseguir el asentimiento parlamentario a una norma como el 18B, ¿qué método más sencillo para lograr este objetivo, sin despertar sospechas sobre su verdadero motivo ulterior, que organizar que unos cuantos miembros comunistas del IRA pusieran bombas en los vestuarios de las estaciones de Londres?

Se supone que todo el mundo tiene derecho a tener su propia opinión en este país; y, además, cuando no podemos aportar pruebas absolutas, podemos decir con el Ministro del Interior, como hago yo aquí, que tengo

---

[15] Y hoy tenemos la Ley Patriótica de Estados Unidos, con los mismos métodos y por la misma razón. Para sofocar la verdad y a los que dicen la verdad.

"motivos razonables para creer" que esta es la verdadera historia que hay detrás de la promulgación del Reglamento 18B.

Cuando la cláusula se introdujo por primera vez en la Cámara, la redacción original dejaba muy claro que el Ministro del Interior debía tener la facultad de detener a personas de nacimiento y origen británico "si está convencido de que" dicha detención es necesaria. Este lenguaje era, al menos, perfectamente claro.

No se preveía ningún otro asesoramiento o control sobre la absoluta discrecionalidad personal del Ministro del Interior: una vuelta, de hecho y de fondo, a las *Cartas Sello* y a la Cámara de las Estrellas. La Cámara de los Comunes se negó rotundamente a aceptar tal cláusula o a ceder sus poderes de control y responsabilidades como guardián de los derechos y libertades del ciudadano a cualquier individuo, sea o no ministro.

Por lo tanto, el Gobierno tuvo que retirar la frase ofensiva y presentó un segundo proyecto para su aprobación unos días después. En este nuevo proyecto, redactado, como intentan explicar los portavoces del Gobierno, de acuerdo con los deseos expresos de la Cámara, se había introducido la necesaria salvaguarda contra la tiranía arbitraria del ejecutivo.

Las palabras "El Ministro del Interior tiene la certeza de que" fueron sustituidas por "Tiene motivos razonables para creer que".

Los portavoces del Gobierno explicaron largamente en aquella ocasión que esta redacción proporcionaba la salvaguarda necesaria. Se hizo creer a los miembros del Parlamento que sus deseos habían prevalecido, y que ellos debían ser los jueces de lo que sería o no una "causa razonable" para la continuación de la detención (como se demostró en los debates posteriores), y una Cámara bastante incómoda adoptó la cláusula en esta forma, y en este entendimiento.

Dos años más tarde, cuando el abogado de un preso del 18B alegó ante el tribunal en este sentido, y exigió algún tipo de desglose del caso de su cliente ante los diputados o un tribunal, el propio Fiscal General argumentó en nombre del gobierno que las palabras "tiene razones para creer" significaban exactamente lo mismo que "está convencido de que".

Ese fue el final del asunto en lo que respecta a los tribunales, aunque fue objeto de los comentarios más mordaces de un destacado jurista.

Yo mismo fui arrestado en virtud de este reglamento el 23 de mayo de 1940 e ingresado en la prisión de Brixton, donde permanecí en una celda hasta el 26 de septiembre de 1944, sin que se presentara ninguna acusación contra mí, limitándome a recibir una breve notificación del Ministerio del Interior en esta última fecha de que la orden de detención había sido "revocada".

Poco después de mi detención se me facilitó un documento que contenía los "Datos" que supuestamente eran los motivos de mi detención. Respondí a ella durante un día de interrogatorio del llamado Comité Consultivo, ante el cual no se me permitió llamar a ningún testigo, no sabía quiénes eran mis acusadores, ni los cargos que habían presentado, y no se me permitió tener un abogado presente.

Estos detalles, así como mi respuesta detallada a cada uno de ellos, se expusieron en la Parte II de una declaración que posteriormente entregué al Presidente y a los miembros de la Cámara de los Comunes y que puede encontrarse en el apéndice de este libro. Se basaban en la falsa afirmación de que mi actitud anticomunista era falsa y encubría actividades desleales.

La falsedad de esta calumnia puede demostrarse fácilmente por mis anteriores diez años de incesantes ataques al comunismo, tanto en preguntas y discursos en la Cámara de los Comunes como fuera de ella.

¿QUIÉN SE ATREVE?

La mañana siguiente a mi salida de la cárcel de Brixton, acudí a la Cámara de los Comunes a la hora habitual de las 10.15, lo que fue una sorpresa. No pasó mucho tiempo antes de que los judíos y sus amigos estuvieran sobre mí y el Club de la Derecha.

Una serie de preguntas provocadoras no tardaron en aparecer en el Documento de Orden; pero, al igual que Galio, que cuando los judíos cogieron a Sóstenes y lo golpearon en el tribunal, "no se preocupó por esas cosas", no di ninguna señal de interés. Los reporteros de la galería de prensa se pusieron entonces a trabajar para intentar sonsacarme al menos algunos de los nombres del "Libro Rojo" de los miembros del Club de la Derecha.

Sin embargo, los nombres de los miembros del Club de la Derecha que figuraban en el Libro Rojo se mantuvieron, como gritaban los periódicos, en la más estricta intimidad, con el único fin de evitar que esos nombres fueran conocidos por los judíos. La única razón de esta confidencialidad era el deseo expreso de los propios miembros.

Para mí, personalmente, el mantenimiento del secreto de los nombres era sólo un inconveniente. Facilitó distorsiones de todo tipo por parte de mis enemigos; la publicación de los nombres me habría sido de gran ayuda en todos los aspectos. La única razón de esta estipulación para tantos miembros era el temor fundado a las represalias judías de carácter grave.

Recuerdo en particular la conversación sobre este tema con uno de esos periodistas en la tribuna de prensa de la Cámara de los Comunes. Era un joven atractivo, y particularmente importuno. ¿No podría darle algunos de estos nombres? Le dije:

> "Supongamos que su nombre hubiera aparecido entre los que figuran en el Libro Rojo; y supongamos que, desafiando la promesa que le hice de no revelarlo, hubiera comenzado a comunicarlo a la prensa; y a aportar esta prueba irrefutable de que usted es miembro de una sociedad para la lucha contra la dominación judía en Gran Bretaña: no mantendría su puesto seis meses más en su periódico."

"No debería retenerlo más de seis minutos", fue la rápida respuesta.

> "Exactamente", respondí. "Ahora entiendes por qué no puedo darte el nombre de un solo miembro del Club de la Derecha del Libro Rojo. Tú mismo confirmas sus peores temores".

Varios cientos de pobres se encuentran hoy en esta situación; de hecho, "cientos" es sólo una cuestión de expresión. El número real debe ser prodigioso. Cuántos, cabría preguntarse, pueden permitirse el lujo de perder su medio de vida haciendo saber que son conscientes del control judío y que están dispuestos a oponerse a él.

Ni siquiera los magnates más ricos e influyentes del país se atreven a desafiar la ira de la judería organizada, como demuestra la historia del control de las acciones del *Daily Mail* en las páginas 6 y 7 de mi declaración al Presidente.

No sólo es el caso en Gran Bretaña, sino quizás aún más en Estados Unidos, como demuestran los diarios del difunto Sr. James Forrestal.

Los Diarios de Forrestal, publicados por Viking Press, Nueva York, 1951, sólo llegaron a mis manos cuando este libro entró en imprenta. Viniendo de un hombre de gran integridad, que fue Subsecretario de la Marina de los Estados Unidos desde 1940, y Secretario de Defensa desde 1947 hasta su dimisión y sospechosa muerte pocos días después, en marzo de 1949, son de la mayor importancia. La revelación más importante está fechada el 27 de diciembre de 1945 (páginas 121 y 122):

> "Hoy he jugado al golf con Joe Kennedy (Joseph P. Kennedy, que fue embajador de Roosevelt en Gran Bretaña en los años inmediatamente anteriores a la guerra). Le pregunté sobre sus conversaciones con Roosevelt y Neville Chamberlain de 1938. Dijo que la posición de Chamberlain en 1938 era que Gran Bretaña no tenía nada por lo que luchar y no podía arriesgarse a entrar en guerra con Hitler.
>
> El punto de vista de Kennedy: Hitler habría luchado contra Rusia sin más conflicto con Gran Bretaña si Bullitt (William C. Bullitt - medio judío - entonces embajador en Francia) no hubiera instado a Roosevelt en el verano de 1939 a enfrentarse a los alemanes con Polonia; ni los franceses ni los británicos habrían hecho de Polonia un motivo de guerra si Washington no les hubiera empujado constantemente.

> Bullitt, dijo, seguía diciéndole a Roosevelt que los alemanes no lucharían, Kennedy que sí, y que invadirían Europa. Chamberlain, dice, dijo que América y los judíos del mundo habían obligado a Inglaterra a entrar en la guerra".

Si la información del Sr. Forrestal sobre los impulsos que hay detrás de la reciente guerra necesitaba confirmación, ya ha sido confirmada por las francas declaraciones del Sr. Oswald Pirow, antiguo Ministro de Defensa sudafricano, que declaró a la Associated Press el 14 de enero de 1952 en Johannesburgo que :

> "Chamberlain le había dicho que estaba bajo gran presión de la judería mundial para no llevarse bien con Hitler".

La segunda revelación más importante del diario de Forrestal se refiere al sionismo. De las entradas se desprende que en diciembre de 1947, Forrestal estaba muy preocupado por la intervención sionista en la política estadounidense. Informa de las conversaciones mantenidas con el Sr. Byrnes y el senador Vandenberg, el gobernador Dewey y otros, en un intento de sacar la cuestión de Palestina de la política partidista. A partir de ese momento, parece haber hecho continuos esfuerzos para lograrlo.

El periódico registra el 3 de febrero de 1948 (páginas 362 y 363):

> La visita de hoy de Franklin D. Roosevelt Jr, que se presentaba como un firme partidario de un estado judío en Palestina, que debíamos apoyar la "decisión" de las Naciones Unidas, señalé que las Naciones Unidas aún

no habían tomado ninguna "decisión", que sólo se trataba de una recomendación de la Asamblea General y que pensaba que los métodos utilizados por personas ajenas al poder ejecutivo del gobierno para coaccionar y obligar a otras naciones en la Asamblea General rozaban el escándalo...

Dije que sólo intentaba sacar el tema de la política, es decir, que ambos partidos se pusieran de acuerdo para no pelearse por el tema.

Dijo que era imposible, que la nación estaba demasiado comprometida y que, además, el Partido Demócrata perdería inevitablemente y los republicanos saldrían ganando con ese acuerdo.

Le dije que me veía obligado a repetirle lo que le había dicho al senador McGrath en respuesta a su observación de que nuestra negativa a ir de la mano de los sionistas podría hacernos perder los estados de Nueva York, Pensilvania y California: que creía que ya era hora de que alguien se preguntara si no podríamos perder los Estados Unidos."

Tras una breve nota del director del periódico, continúa la entrada del 3 de febrero de 1948 (página 364):

"He comido con el Sr. B. M. Baruch. Después de la comida le planteé el mismo asunto. Se puso del lado de aconsejarme que no fuera activo en este asunto en particular, y que ya estaba identificado, en un grado que no era de mi interés, con la oposición a la política de las Naciones Unidas sobre Palestina."

Fue por entonces cuando se lanzó una campaña de calumnias y difamaciones sin precedentes en la prensa y los periódicos estadounidenses contra el Sr. Forrestal. Esto parece haberle afectado tan fuertemente que en marzo de 1949 renunció al Departamento de Defensa de los Estados Unidos y el 22 del mismo mes fue encontrado muerto tras una caída desde una ventana muy alta.

EPÍLOGO

Siempre estaré agradecido a los numerosos diputados que facilitaron mi regreso al Parlamento con sus saludos inmediatos y su actitud amistosa.

Me temo que muchos, cuyas acciones en el propio hemiciclo y fuera de él fueron detectadas o denunciadas a los representantes de la prensa, fueron víctimas de una vendetta dentro de sus circunscripciones y en la prensa por este motivo concreto.

Cuando reflexionamos sobre estos sangrientos acontecimientos, desde la época del rey Carlos I hasta la actualidad, en última instancia sólo podemos encontrar un motivo de satisfacción, si es que tal palabra puede ser apropiada. Es que, por primera vez, podemos rastrear las influencias subyacentes que explican estas horribles desfiguraciones de la historia europea.

A la luz de los conocimientos actuales, ahora podemos reconocer y comprender el verdadero significado de estos terribles acontecimientos. En lugar de meros acontecimientos inconexos, ahora podemos discernir la despiadada labor de un plan satánico; y al ver y comprender, somos capaces de actuar en el futuro para salvaguardar todos aquellos valores que amamos y defendemos, y que este plan busca claramente destruir.

Por fin podemos empezar a oponernos a los planificadores y operadores de este plan, conociendo el plan y su técnica, que hasta ahora sólo conocían ellos. En otras palabras, habiendo sido advertidos, la culpa es nuestra por no estar armados.

No olvidemos palabras como las del judío Marcus Eli Ravage, que escribió en la *revista Century Magazine* U.S.A. en enero de 1928:

> "Somos los originadores, no sólo de la última guerra, sino de todas vuestras guerras; y no sólo de la Revolución Rusa, sino de todas vuestras revoluciones dignas de mención en vuestros libros de historia".

Tampoco hay que olvidar las del profesor Harold Laski, que escribió en el *New Statesman* y en el *Nation* el 11 de enero de 1942:

> "Porque esta guerra no es en su esencia más que una inmensa revolución de la que la guerra de 1914, la revolución rusa y las contrarrevoluciones en el continente son fases anteriores".

Ni la advertencia de ese destacado abogado, editor y periodista judío estadounidense, Henry Klein, emitida apenas el año pasado:

> "Los Protocolos son el plan mediante el cual un puñado de judíos, que conforman el Sanedrín, pretenden gobernar el mundo destruyendo primero la civilización cristiana".

> "No sólo son auténticos los protocolos, en mi opinión, sino que se cumplieron casi en su totalidad".

De hecho, se han conseguido en gran medida, y los judíos no deberían dejar de dar las gracias al Sr. Roosevelt y a su "ardiente lugarteniente", el autoproclamado "arquitecto del futuro judío".

Sin embargo, en el proceso, Gran Bretaña y su Imperio y, lo que es peor, su reputación y honor quedaron reducidos a polvo. Como ha escrito el profesor Beard:

> "Los nobles principios de las Cuatro Libertades y la Carta del Atlántico fueron, a efectos prácticos, descartados en los acuerdos que acompañaron la conducción y siguieron a la conclusión de la guerra. El tratamiento de los pueblos de Estonia, Lituania, Polonia, Rumania, Yugoslavia, China, Indochina, Indonesia, Italia, Alemania y otras partes del mundo atestiguan la validez de esta afirmación."

La prensa publicó recientemente el grito de la señora Chiang Kai Shek de que la actitud de Gran Bretaña era "moralmente débil" (en referencia a su trato con China). Se informó de que había dicho:

> "Gran Bretaña ha cambiado el alma de una nación por unas pocas monedas de plata... Un día esas monedas de plata tendrán interés en la sangre, el trabajo, el sudor y las lágrimas de los británicos en el campo de batalla de la libertad".

Ese podría ser el propio general Sikorski hablando, ¿no? En el mismo periódico, vi que el Sr. Jackson Martindell, Presidente del Instituto Americano de Administración, dijo que

> "La palabra de un inglés ya no es su vínculo".

¿Cuántas veces he oído esto de fuentes árabes desde 1939? El Sr. Martindell continúa,

> "Odio decirlo, pero Gran Bretaña se está empobreciendo moral y económicamente".

Desde Polonia hasta Palestina y China, estas palabras han sido repetidas, y de hecho reiteradas, por la sección judía de este país durante muchos años.

La razón no está lejos de buscarse. Ningún hombre puede servir a dos amos, especialmente cuando los principios e intereses de esos dos amos son tan divergentes como los de Gran Bretaña y su imperio, y los judíos y su imperio, la URSS.

Desde la caída del gobierno de Chamberlain, los intereses del Imperio Judío han avanzado tan prodigiosamente como los de Gran Bretaña y su Imperio se han eclipsado.

Más extraño aún, si alguien se atreve a decir la verdad sin tapujos, la única respuesta es una acusación de antisemitismo. Como ha demostrado claramente el Sr. Douglas Reed, el término "antisemitismo" no tiene sentido, y como él sugiere, podría llamarse también "antisemolina".

Los árabes son semitas, y ningún supuesto "antisemita" es antiárabe. Ni siquiera es correcto decir que es antijudío. Por el contrario, sabe mejor que los desinformados que muchos judíos no están involucrados en esta conspiración.

El único término correcto para el mal llamado "antisemita" es "judío". Es, en efecto, el único término justo y honesto.

El término "antisemita" no es más que una palabra de propaganda utilizada para que el público irreflexivo deseche todo el tema de su mente sin examinarlo: mientras se tolere esto, estos males no sólo continuarán, sino que empeorarán.

Los "sabios judíos" saben que tenemos en Gran Bretaña un "Imperium in Imperio" judío que, a pesar de todas las protestas y encubrimientos, es judío en primer lugar y al unísono con el resto de la judería mundial. Si alguien lo duda, sólo tiene que leer *Unidad en la dispersión*, publicado en 1948 por el Congreso Judío Mundial, que proclama que los judíos son una sola nación.

No todos los judíos de aquí desean ser arrastrados a esta estrecha tiranía social; pero a menos que este país les ofrezca un medio de escape, no se atreven a correr los riesgos -muy graves- de desafiarla: por lo tanto, están obligados a cooperar hasta cierto punto.

Peor aún, algunos gentiles sin buena excusa apoyan a esta fuerza unida, que a su vez se utiliza para influir o controlar nuestros partidos políticos, las políticas nacionales y extranjeras, la prensa y la vida pública.

Este impío frente unido debe ser expuesto y derrotado. Un primer paso hacia este objetivo parecería ser una ley que impidiera a los gentiles Esaú prestar sus manos a la ejecución de las órdenes emitidas a través de la voz de los judíos Jacob.

Otra es la desvinculación del Frente Unido Judío de aquellos judíos que no quieren suscribir los dictados del Congreso Judío Mundial. Pero, sobre todo, es necesario informar a las personas de buena voluntad sobre la verdad de este asunto, especialmente en lo que se refiere a la verdadera anatomía, objetivos y métodos del enemigo marxista.

Con este fin, ofrezco humildemente el contenido de este libro a todos los que están decididos a luchar contra el comunismo y sus promotores de la judería organizada.

DECLARACIÓNS

DECLARACIÓN DEL CAPITÁN RAMSAY DE LA PRISIÓN DE BRIXTON AL PRESIDENTE Y A LOS MIEMBROS DEL PARLAMENTO SOBRE SU DETENCIÓN EN VIRTUD DEL PÁRRAFO 18B DEL REGLAMENTO DE DEFENSA.

Todas las pruebas presentadas para mi detención se basan en acusaciones de que mi actitud y mis actividades de oposición al comunismo, al bolchevismo y a la política de la judería organizada no eran auténticas, sino que eran una mera tapadera para fines antibritánicos.

En el siguiente memorándum, que podría ampliarse en gran medida, he expuesto un mínimo de hechos, que demuestran que no sólo mi actitud fue auténtica, abierta y constante durante todo el tiempo que estuve en la Cámara de los Comunes, sino que en el curso de mis investigaciones había acumulado numerosos y concluyentes hechos que justificaban tal actitud, y que lógicamente condujeron a la formación del Right Club, una organización esencialmente patriótica.

A lo largo de mi mandato como diputado (desde 1931), he dirigido un ataque abierto e implacable contra el bolchevismo y sus aliados. De hecho, ya había iniciado esta oposición mucho antes de ser diputado.

El siguiente estudio lo mostrará, así como la formación

del Right Club, que es el resultado lógico de mi trabajo.

Este trabajo se realiza en tres fases.

En la primera, desde poco después de la Revolución Rusa hasta aproximadamente 1935, asumí que los poderes detrás del bolchevismo eran rusos: en la segunda (1935-38), me di cuenta de que eran internacionales: en la tercera fase, me di cuenta de que eran judíos.

FASE I

En la Fase I, siempre me pareció misterioso que los rusos gastaran tanto tiempo y dinero en actividades revolucionarias en Gran Bretaña.

Mi primer paso activo fue intervenir en las elecciones que se hicieron famosas por la publicación en el *Daily Mail* de la carta escrita por Zinoviev alias Apfelbaum, llamando a la revolución en Gran Bretaña. (Hablé contra el bolchevismo, y en la División de Northwich).

Tras ser elegido en 1931, me uní al Comité de Comercio Ruso, que supervisaba sus actividades aquí. También me uní al Consejo del Movimiento Cristiano de Protesta, fundado para protestar contra los atropellos a sacerdotes, monjas e iglesias cristianas cometidos por los bolcheviques. *Hansard* mostrará que hice muchas preguntas durante este período atacando sus actividades en este país.

FASE II

En la segunda fase, reconocí que las fuerzas que estaban

detrás del bolchevismo no eran rusas, sino internacionales.

Intenté imaginar la composición de este misterioso organismo, la Comintern, sobre el que, según las respuestas a mis preguntas parlamentarias, el gobierno soviético no podía ejercer ningún control.

Hacia el final de esta fase había progresado lo suficiente con esta imagen mental de la Comintern como para convertirla en el tema de una serie de discursos que pronuncié ante los Rotary Clubs y otras sociedades de Londres, Edimburgo y otros lugares, frecuentemente titulados "Alas rojas sobre Europa". [16]

Esta segunda fase duró hasta la Guerra Civil española. Reconociendo casi de inmediato la culpabilidad de la Comintern en todo el asunto, hasta en los análisis de los orígenes de las Brigadas Internacionales, los ataqué continuamente con un torrente de preguntas en la Cámara.

La actitud de toda la prensa nacional británica me asombró al principio, y luego me ayudó a esclarecer los verdaderos poderes de la Revolución Mundial. La prensa presentó a los enemigos del general Franco como reformistas liberales y protestantes, en lugar de los revolucionarios internacionales anti Dios que eran.

Los oficiales de la Cheka rusa estaban de hecho a cargo de las prisiones del Lado Rojo. McGovern ha establecido

---

[16] Literalmente: "Alas rojas sobre Europa". Ndt.

todos los hechos principales en su panfleto, *Terror Rojo en España*.

En esa época organicé desfiles de sándwiches para denunciar la culpabilidad de los bolcheviques en España, ayudé a un periódico llamado *La Prensa Libre* e hice la propaganda que pude. Unos ochenta o noventa miembros del Parlamento suscribieron en algún momento estos esfuerzos.

En septiembre de 1937 acepté la presidencia del Comité del Frente Cristiano Unido en nombre de Sir Henry Lunn.

Posteriormente, se enviaron varios miles de cartas con mi firma a personalidades del Reino, informándoles de los verdaderos hechos de la guerra en España, e instando a los cristianos de todas las comunidades a unirse a la lucha contra el impío Terror Rojo que amenazaba a España en ese momento, y luego a toda Europa, incluida Gran Bretaña.

Varias sociedades patrióticas comenzaron entonces a cooperar regularmente conmigo en este trabajo contra el bolchevismo, entre ellas la Unión Nacional de Ciudadanos, la Liga del Imperio Británico, la Liga de Restauración de la Libertad y la Liga Económica. Nos acostumbramos a reunirnos regularmente en una sala de comisiones de la Cámara de los Comunes.

En mayo de 1936, cuando me comprometí a oponerme a la entrada en este país de agentes de la Comintern por participar en el llamado "Congreso sin Dios", se nos unieron la Unión Bíblica Británica, la Orden del Niño y la Federación Mundial Israelí Británica.

A partir de la información que me dieron estas sociedades, me di cuenta de que el anterior Congreso de los Godless, celebrado en Praga, había puesto bajo un control unificado a todas las sociedades nacionales de Libre Pensamiento, que ahora estaban bajo la autoridad de los Godless militantes en Rusia, y que por lo tanto constituían un arma sutil y poderosa para la propaganda bolchevique.

En nuestras reuniones para coordinar la oposición, todos estuvimos de acuerdo en que, si bien los británicos pueden tener derecho a celebrar un congreso sobre cualquier tema, esta libertad no debe interpretarse como un permiso para que los revolucionarios internacionales desarrollen sus planes de destrucción de la vida religiosa, social y pública de nuestro país.

El 28 de junio, por lo tanto, presenté un proyecto de ley titulado Proyecto de ley de restricción de extranjeros (blasfemia), para evitar que los extranjeros asistan a este Congreso, o que lo conviertan en la ocasión para la distribución de su literatura blasfema.

El proyecto de ley fue aprobado en primera lectura por 165 votos a favor y 134 en contra. En el grupo del no estaban los señores Rothschild, G.R. Strauss, T. Levy, A.M. Lyons, Sir F. Harris, D.N. Pritt, W. Gallacher, el Dr. Haden Guest y el Dr. Summerskill.

En el otoño de 1938 me enteré de que el poder detrás de la Revolución Mundial no era sólo un grupo suelto de internacionalistas, sino la judería mundial organizada.

El primer documento que me convenció fue, de hecho, un libro blanco del gobierno británico, que yo desconocía. Este documento citaba textualmente un informe recibido por el Sr. Balfour el 19 de septiembre de 1918, de parte del Sr. Oudendyke, ministro holandés en Petrogrado, que en ese momento estaba a cargo de los intereses británicos en esa ciudad, como sigue

> "El peligro es ahora tan grande que creo que es mi deber llamar la atención del Gobierno británico y de todos los demás gobiernos sobre el hecho de que, a menos que se detenga el bolchevismo de inmediato, toda la civilización del mundo se verá amenazada. Esto no es una exageración, sino un hecho...
>
> Considero que la supresión inmediata del bolchevismo es la mayor cuestión a la que se enfrenta el mundo, sin excluir siquiera la guerra que todavía está en marcha, y si el bolchevismo no es cortado de raíz inmediatamente, como hemos dicho anteriormente, no dejará de extenderse por toda Europa y por todo el mundo de una u otra forma, ya que está organizado y dirigido por judíos, que no tienen nacionalidad y cuyo único objetivo es destruir el orden de cosas existente para sus propios fines. La única manera de evitar este peligro sería una acción colectiva por parte de todas las potencias".

Simultáneamente, me llamó la atención un hecho casi tan notable como la cita anterior, a saber, que este Libro Blanco había sido retirado inmediatamente y sustituido por una edición abreviada, de la que se habían eliminado esos pasajes esenciales. Me mostraron los dos Libros Blancos, el original y la edición abreviada, uno al lado del otro.

El segundo documento que me llamó la atención en ese momento fue el folleto titulado *The Rulers of Russia (Los gobernantes de Rusia)*, escrito por el Dr. Dennis Fahey, C.S.S.P., y que lleva el imprimatur del Arzobispo de Dublín, con fecha del 26 de marzo de 1938. En la frase inicial de este panfleto, el Dr. Fahey escribe:

> "En este folleto presento a mis lectores una serie de documentos serios que van a demostrar que las verdaderas fuerzas detrás del bolchevismo son fuerzas judías; y que el bolchevismo es realmente un instrumento en manos de los judíos para el establecimiento de su futuro reino mesiánico."

A continuación, el Dr. Fahey presenta un interesante volumen de pruebas. En la página 1 también cita el siguiente pasaje del diario del Sr. Hilaire Belloc, fechado el 4 de febrero de 1937:

> "En cuanto a quien no sepa que el actual movimiento revolucionario bolchevique en Rusia es judío, sólo puedo decir que debe ser un hombre engañado por la supresión de nuestra deplorable prensa".

Otras autoridades citadas en el panfleto son el Dr. Homer, D. Sc. y el Conde León de Poncins en su *Contrarrevolución*, y el testimonio dado el 12 de febrero de 1919 ante un Comité del Senado de los Estados Unidos por el Reverendo. Simons, Superintendente de la Iglesia Metodista Episcopal en Petrogrado desde 1907 hasta el 6 de octubre de 1918.

El Reverendo Sr. Simons dijo en esta ocasión sobre el gobierno bolchevique en Petrogrado:

"En diciembre de 1918... bajo la presidencia de un hombre conocido como Apfelbaum (Zinóviev)... de 388 miembros, sólo 16 resultaron ser verdaderos rusos, y todos los demás (excepto un hombre, que es un negro norteamericano) eran judíos... y 265 de estos judíos que pertenecen a este gobierno de la Comuna del Norte que tiene su sede en el antiguo Instituto Smolny son del Lower East Side de Nueva York, 265 de ellos."

En la página 8, el Dr. Fahey cita cifras que muestran que en 1936 :

"El Comité Central del Partido Comunista en Moscú, el centro mismo del comunismo internacional, estaba formado por 59 miembros, 56 de los cuales eran judíos, y los otros tres estaban casados con mujeres judías..."

"Stalin, el actual gobernante de Rusia, no es judío, pero ha tomado por segunda esposa a la hermana de veintiún años del judío L.M. Kaganovitch, su mano derecha, de quien se ha hablado como su probable o posible sucesor. Todos los movimientos de Stalin se hacen bajo la mirada judía".

Además de estos documentos, ahora tengo una gran cantidad de pruebas relativas a las actividades judías en Gran Bretaña en forma de organizaciones subversivas de todo tipo, antirreligiosas, antimorales, revolucionarias, y las que trabajan para establecer el sistema judío de monopolio financiero e industrial.

Así me convencí de que las revoluciones rusa y española, así como las sociedades subversivas en Gran Bretaña, eran parte de un plan único, operado y controlado secretamente por la judería mundial, exactamente de acuerdo con los principios establecidos en los *Protocolos de los Sabios de Sión*, depositados en el Museo Británico en 1906 (que fueron reproducidos poco después de la última guerra por el *Morning Post*, y de los que ese periódico nunca se recuperó).

Estos protocolos no son falsos, y tanto yo como otros podríamos aportar pruebas en este sentido que convencerían a cualquier tribunal imparcial.

En la siguiente reunión de las sociedades patrióticas y cristianas me sentí obligado a plantear la cuestión judía y pronto me di cuenta de que íbamos por caminos distintos. Con algunas excepciones, nuestra cooperación cesó.

Me di cuenta de que si había que hacer algo, había que formar un grupo especial que, conservando las características esenciales del anterior, asumiera la tarea de oponerse y denunciar la amenaza judía. La idea del Right Club nació, aunque no se formó realmente hasta unos meses después, en mayo de 1939.

A partir del otoño de 1938 pasé muchas horas a la semana discutiendo estos asuntos con diputados y miembros del gobierno.

La magnitud de los problemas que se plantean desanima a muchos. Una línea particular en mi memoria ilustra bien este tipo de actitud:

> "Bueno, todo es muy perturbador, horrible, de hecho: pero ¿qué se puede hacer al respecto? Me voy a ir ahora e intentaré olvidarme de todo esto lo antes posible".

Hacia finales de 1938 me dijeron que las acciones de control del *Daily* Mail estaban en venta.

Sabiendo que se había puesto en marcha un severo boicot publicitario contra el periódico tras la publicación de un par de artículos que daban lo que, a ojos de los internacionalistas, era una visión pro-franquista de la guerra española (en realidad, la verdad), la noticia no me sorprendió mucho.

¿Podría encontrar un comprador? Decidí acercarme a cierto colega muy rico y patriota, jefe de una gran empresa. Un amigo común organizó un encuentro.

Después de la introducción, di una visión general de las actividades y el poder de la judería organizada en general, y su control secreto de la prensa principal en Gran Bretaña en particular, tal como yo lo veía. Cuando terminé, después de unos 70 minutos, se expresó un acuerdo general con mis puntos de vista.

Entonces, el amigo común y yo intentamos convencer a nuestro oyente de que comprara dichas acciones y "arrancara la mordaza de la conspiración del silencio". Él respondió:

> "No me atrevo. Me reducirían a un mendrugo de pan. Si fuera sólo yo, no me importaría; lucharía contra ellos. Pero muchas de mis propiedades están en manos de la viuda y el huérfano, y por su bien debo negarme."

Cuando expresamos nuestro asombro por el hecho de que la judería pudiera infligir represalias tan abrumadoras a un hombre de su poder financiero e industrial, y a una figura nacional tan prominente, nos dio detalles de las represalias dirigidas contra él por la judería organizada algunos años antes.

Se había negado a cumplir algunas de las exigencias que le habían hecho en relación con su trabajo. Tras una última advertencia, a la que hizo caso omiso, se lanzó un boicot mundial contra él, que se hizo efectivo en 24 horas, allí donde tuviera agentes u oficinas. Los incendios y las huelgas también se produjeron de forma misteriosa. Las pérdidas resultantes le obligaron finalmente a ceder.

En 24 horas, el boicot se levantó en todo el mundo.

La constante desinformación de elementos importantes de la Guerra Civil española había impresionado profundamente a muchos diputados. Pensaban que una predisposición tan extrema, universal y constante, siempre en contra de Franco, indicaba la existencia de un plan deliberado, y aunque no estaban dispuestos a aceptar mi tesis, de que los judíos ejercían ese control por diversos medios, y que todo el asunto formaba parte de su plan mundial, había sin embargo muchos que pensaban que algo andaba muy mal en alguna parte.

En el curso de estas conversaciones, obtuve el apoyo de diputados de todos los partidos para el proyecto de ley que estaba preparando a este respecto.

El 13 de diciembre de 1938, presenté el proyecto de ley de modificación de la Ley de Sociedades, que obligaba a que las acciones de los periódicos y las agencias de noticias estuvieran a nombre de los verdaderos titulares, en lugar de a nombre de personas interpuestas, como ocurre ahora en la mayoría de los casos.

El proyecto de ley fue aprobado en primera lectura por 151 votos a favor y 104 en contra. Miembros de todos los partidos estuvieron presentes en el vestíbulo del sí, incluyendo 13 "Right Hon. Señores" (98 de estos socialistas).

En el Lobby del No estaban los señores Rothschild, Schuster, Shinwell, Cazalet, Gallacher, Sir A. Sinclair, Gluckstein, y el señor Samuel Storey, que también se oponía al proyecto de ley, y parecía adecuado para el papel.

Decidí entonces proceder de inmediato a la formación de un grupo de la misma naturaleza que el grupo de representantes de las sociedades cristianas y patrióticas con el que había trabajado hasta que surgió el problema judío, pero esta vez un grupo que pondría la oposición a esta amenaza en el primer plano de sus actividades.

El Sr. Cross era el secretario, y el difunto Duque de Wellington, presidente de la Liga de Restauración de la Libertad, fue el presidente de la mayoría de las pocas reuniones que celebramos. El objetivo principal del Club de la Derecha era ilustrar al Partido Conservador y librarlo del control judío.

La judería organizada estaba ahora claramente preparada para la guerra mundial. El fracaso de su Brigada Internacional en España, su creciente exposición y el consiguiente riesgo de un colapso total de su plan hacían imperativa la guerra inmediata desde su punto de vista.

En julio de 1939, tuve una reunión con el Primer Ministro. Hablé de la revolución rusa y del papel que los judíos habían desempeñado en ella, de la revolución española, preparada y ejecutada en líneas similares por la misma gente, de las sociedades subversivas en Gran Bretaña, del control de la prensa y la información en ese país.

Finalmente llamé la atención del Primer Ministro sobre el trabajo clandestino que se estaba llevando a cabo para revertir su política de paz y a él mismo, y precipitar la guerra.

El Sr. Chamberlain consideró que acusaciones de tal gravedad y alcance requerían pruebas documentales muy sustanciales. Decidí reunir pruebas documentales que permitieran actuar.

El estallido de la guerra permitió a los judíos revestir sus actividades de patriotismo. El poder de su prensa les permitió retratar a quienes se oponían a sus planes y los expuso como pro-nazis y desleales a Gran Bretaña.

La dificultad a la que me enfrentaba era que, aunque tenía el deber de advertir al país contra las consecuencias de una política influenciada por la judería organizada y opuesta a los intereses británicos, no quería al mismo tiempo crearle dificultades al Sr. Chamberlain.

Por lo tanto, se decidió que el Right Club cerrara mientras durara su existencia. El espíritu del Club llevó naturalmente a los jóvenes miembros a alistarse en los servicios, donde sirvieron con distinción en la mayoría de los frentes. Con el mismo espíritu, otros, no comprometidos, siguieron luchando contra el enemigo interior, no menos formidable que las potencias del Eje y en cierto modo más peligroso, por sus métodos encubiertos y por el hecho de que podía trabajar tanto desde dentro como desde fuera.

Por ello, yo y otros, a título individual, distribuimos ocasionalmente algunos de mis folletos titulados *"¿Lo sabes?"* y *"¿Te has dado cuenta?"*; mis versos que comienzan "Tierra de la droga y de la judería", y algunas pegatinas antijudías. La idea era educar al público lo suficiente como para mantener la atmósfera en la que la "falsa" guerra, como se la llamó, pudiera convertirse en una paz honorable negociada.

Desde luego, no fue derrotista, como intentó hacer creer la propaganda judía. No fuimos nosotros, los miembros del Right Club, los que nos mantuvimos al margen de los servicios de combate en esta guerra, más que en la anterior, sino todo lo contrario.

Estaba decidido a hacer más esfuerzos para convencer al Sr. Chamberlain, y tal vez incluso al Comité de 1922, de la verdad de mi caso, y evitar así una guerra total, y comencé a reforzar las pruebas documentales que ya tenía en mi poder.

Para enero de 1940 tenía detalles de casi treinta sociedades subversivas que trabajaban en diversas líneas revolucionarias y corrosivas, y había completado una tabla muy grande, mostrando los principales miembros de cada una. Seis nombres destacaron claramente, como una especie de liderazgo entrelazado. Eran el profesor H. Laski, el Sr. Israel Moses Sieff, el profesor Herman Levy, el Sr. Victor Gollancz, el Sr. D.N. Pritt, diputado, y el Sr. G.R. Strauss, diputado.

En febrero de 1940, a mi llegada a Londres, me entregaron la documentación de un nuevo grupo, que abogaba por la UNIÓN FEDERAL. La lista de nombres de los partidarios era sorprendente. Podría haber sido copiado del gráfico que acababa de completar. No puede haber ningún error sobre el origen de este proyecto. Más tarde, cuando este grupo se activó, hice las siguientes preguntas:

> **El capitán Ramsay** preguntó al Primer Ministro si podía asegurar a la Cámara que la creación de una Unión Federal de Estados Europeos no era uno de los objetivos de guerra del Gobierno de Su Majestad.

El Sr. Butler (el 9 de mayo) dio una respuesta no vinculante. A esta respuesta pedí el siguiente añadido:

Capitán Ramsey: ¿Es consciente mi honorable amigo de que este plan, si se adopta, despertará la hostilidad contra nosotros de casi toda Europa, que ve en él el establecimiento de un superestado judeo-masónico? [17]

Sr. Butler: Prefiero dejar la interpretación de ese plan a

---

[17] Los *Protocolos de los Sabios de Sion dejan* claro que la judería mundial y la masonería del Gran Oriente establecerán tal régimen después de que los estados gentiles hayan sido reducidos por la guerra y las revoluciones a una especie de tercer mundo totalmente bajo su control.

mi amigo.

Una virulenta campaña de prensa estaba en pleno apogeo para suprimir las opiniones y actividades "antisemitas" declarando que el "antisemitismo" era pro-nazi. Temiendo que el Ministro del Interior se sintiera menos inclinado a tomar esta dirección, que era falsa, le pregunté el 9 de mayo de 1940:

Capitán Ramsay: ¿Puede asegurar que se tendrá cuidado, tanto en la administración de los reglamentos actuales como en el desarrollo de los reglamentos revisados, para distinguir entre antisemitismo y pro-nazismo?

Sir J. Anderson: Espero que cualquier medida restrictiva que se aplique a la propaganda organizada pueda limitarse en la práctica a la propaganda que esté calculada para impedir el esfuerzo de guerra; y a este respecto no puedo reconocer como relevante la distinción que mi honorable y galante amigo trata de establecer. A este respecto, no puedo reconocer como pertinente la distinción que mi honorable y galante amigo pretende establecer.

Capitán Ramsay: Pensando en mi honorable amigo por su respuesta, dado que parece algo confuso en este punto, ¿puede asegurar a la Cámara que se niega a ser llevado a identificar las dos cosas por una rampa en nuestra prensa judía?

Sir J. Anderson: No es cuestión de que me empujen a nada.

Fue en las últimas semanas de la presidencia del Sr. Chamberlain cuando pude examinar algunos de los documentos de la Embajada de Estados Unidos en el piso del Sr. Kent. Esa era la posición entonces, y esas fueron las consideraciones que me llevaron a inspeccionarlos.

1. Al igual que muchos miembros de ambas Cámaras del Parlamento, yo era plenamente consciente de que entre los organismos, aquí y en el extranjero, que habían participado activamente en la promoción del antagonismo entre Gran Bretaña y Alemania, la judería organizada, por razones obvias, había desempeñado un papel destacado.
2. Sabía que los Estados Unidos eran la sede de la judería y, por tanto, el centro real, aunque no aparente, de su actividad.
3. Sabía que la Unión Federal era el complemento en asuntos internacionales del plan de Planificación Política y Económica (P.E.P.). El presidente del P.E.P. es el Sr. Israel Moses Sieff, que también es vicepresidente de la Federación Sionista y Gran Comandante de la Orden de los Macabeos) diseñado para llevar el bolchevismo a hurtadillas a la esfera de la industria y el comercio, y que debe ser considerado como el Superestado, que es uno de los principales objetivos de la judería internacional.
4. Reconocí que los planes para establecer el socialismo marxista bajo control judío en este país estaban muy avanzados. En cuanto a sus intenciones, no cabe duda.
5. Sabía que la técnica de la judería internacional consiste en planear siempre el derrocamiento en momentos críticos de cualquier dirigente nacional que se oponga seriamente a una parte esencial de sus

designios, como, por ejemplo, había hecho el Sr. Chamberlain al adherirse a su política de pacificación, y que en este caso la caída del Sr. Chamberlain precipitaría la guerra total. Recordé que el Sr. Lloyd George había dicho en la Cámara de los Comunes que si entrábamos en una guerra contra Polonia sin la ayuda de Rusia, caeríamos en una trampa. Hemos caído en esa trampa.

Más información sobre su origen, diseño y propósito final habría reforzado la posición del Sr. Chamberlain y le habría permitido tomar las contramedidas adecuadas. Como miembro del Parlamento, siempre leal al Sr. Chamberlain, consideré que era mi deber investigar.

Hacia el 9 o el 10 de mayo me fui a Escocia para descansar quince días, habiendo visto sólo una parte de los documentos, y con la intención de reanudar mis investigaciones a mi regreso. Pero antes de que pudiera concluirlas, el Sr. Chamberlain había dejado el cargo, y fui arrestado unos días más tarde en las escaleras de mi casa a mi regreso a Londres, el 23 de mayo de 1940.

Adjunto los detalles, supuestamente los motivos de mi detención, y mis comentarios al respecto.

Prisión de Brixton, 23 de agosto de 1943

(Firmado) ARCHIBALD RAMSAY.

PARTICULARIDADES ALEGADAS COMO MOTIVOS DE MI DETENCIÓN

Adjunto una copia de los datos que se han alegado como motivo razonable de mi detención durante los últimos tres años.

Se verá que la base de cada una de ellas es que mi oposición al comunismo, al bolchevismo y a la judería mundial era una farsa; una treta desleal, de hecho, adoptada para ocultar las actividades antibritánicas en relación con la guerra.

Cualquiera que conozca las actividades de la Cámara de los Comunes está más o menos familiarizado con las actividades antibolcheviques que he llevado a cabo de forma abierta y constante durante todo el tiempo que he estado en la Cámara, desde 1931, y que se convirtieron en antijudías en 1938, cuando me di cuenta de que el bolchevismo era judío y parte integrante de su plan mundial.

El autor de estas Particularidades barre con todos estos ocho años de experiencia, y procede a fabricar y reiterar un nuevo propósito injusto, para el que no ofrece la más mínima prueba.

Comité Consultivo del Ministerio del Interior
(Reglamento de Defensa 18B) Londres, W.1.
Teléfono: Regent 4784 Ref:... R4...

24 de junio de 1940

MOTIVOS DE LA ORDEN DICTADA EN VIRTUD DE LA NORMA 18B DE LA DEFENSA EN EL CASO DEL CAPITÁN ARCHIBALD MAULE RAMSAY, M.P.

La orden en virtud del Reglamento de Defensa 18B se dictó contra el Capitán Archibald Maule Ramsay, M.P. porque el Secretario de Estado tenía motivos razonables para creer que dicho Capitán Archibald Maule RAMSAY, M.P. había participado recientemente en actos perjudiciales para la seguridad pública o la defensa del reino, o en la preparación o instigación de tales actos, y que, por tanto, era necesario ejercer un control sobre él.
[18]

---

[18] Nótese que UNA persona, tenía "causa razonable para creer", y bajo esta cláusula, el Capitán Ramsay fue encarcelado por dos años y medio. Este lenguaje exacto está ahora codificado en el código penal estadounidense. ¿Quién cree que "escribe las facturas" para que las apruebe el Congreso estadounidense? Y no olviden que la Ley Patriótica de los Estados Unidos, así como el "nuevo" Departamento de Seguridad Nacional, fueron en anticipación del acto genocida del WTC del 11 de septiembre de 2001 (ahora conocido como 911), planeado por las mismas criaturas y llevado a cabo por -¿quién sabe quién? Sus "adláteres" y "lacayos" y los condenados a un infierno creado por ellos mismos.

CARACTERÍSTICAS ESPECIALES

El mencionado capitán Archibald Maule RAMSAY, adjunto.

Particularidad (I): En mayo de 1939, o alrededor de esa fecha, formó una organización con el nombre de "Club de la Derecha", que dirigía ostensiblemente sus actividades contra los judíos, los masones y los comunistas. Esta organización, en realidad, estaba diseñada en secreto para difundir opiniones subversivas y derrotistas entre la población civil de Gran Bretaña, para obstaculizar el esfuerzo bélico de Gran Bretaña, y así poner en peligro la seguridad pública y la defensa del Reino.

Respuesta

La formación del Club de la Derecha, como muestra el memorándum adjunto, fue el resultado lógico de muchos años de trabajo contra el bolchevismo, tanto dentro como fuera de la Cámara de los Comunes, y bien conocido por todos mis colegas políticos desde 1931.

El objetivo principal del Club Derecho era oponerse y exponer las actividades de la judería organizada a la luz de las pruebas que llegaron a mi poder en 1938, algunas de las cuales se mencionan en el memorando.

Nuestro objetivo principal era librar al Partido Conservador de la influencia judía, y el carácter de nuestra membresía y de nuestras reuniones estaba estrictamente de acuerdo con este objetivo. No había otros objetivos ni metas secretas.

Nuestra esperanza era evitar la guerra, que considerábamos principalmente obra de un complot judío centrado en Nueva York. Más tarde, yo y muchos otros esperábamos convertir la "falsa" guerra, no en una guerra total, sino en una honorable paz negociada.

Es difícil imaginar un conjunto de personas menos capaces de ser "subversivas" que lo que sugiere este particularista, y unir esta acusación a la de ser "derrotista" sitúa a todo este particularista en el terreno de lo ridículo.

Particularidad (II): En la búsqueda de los verdaderos objetivos de la Organización, el mencionado RAMSAY permitió que los nombres de los miembros de la Organización fueran conocidos sólo por él, y tomó grandes precauciones para asegurar que el registro de los miembros no saliera de su posesión o control; declaró que había tomado medidas para engañar a la policía y a la Oficina de Inteligencia de la Guerra en cuanto a las verdaderas actividades de la Organización. Estas medidas se tomaron para evitar que se conocieran los verdaderos objetivos de la organización.

Respuesta

Como los objetos reales del Club de la Derecha son los objetos declarados, y no existen otros objetos, la última parte de este Particular es una pura invención.

Sólo había un punto en el que nuestros objetivos diferían de los de la policía y el M.I.: la cuestión judía.

Ni la policía ni el M.I. reconocieron la amenaza judía. Ninguno de los dos disponía de un mecanismo para afrontarlo, ni para ocultar información a los miembros judíos de su personal.

Si los nombres de los miembros del Club se hubieran puesto a disposición de cualquiera de estos departamentos, los miembros judíos los habrían cogido y los habrían denunciado a los departamentos a los que muchos miembros querían ocultarlos.

Particularidad (III): Con frecuencia expresó su simpatía por la política y los objetivos del Gobierno alemán; y a veces expresó su deseo de cooperar con el Gobierno alemán en la conquista y posterior gobierno de Gran Bretaña.

Respuesta

La segunda parte de este particular es una invención tan grotesca que me propongo tratarla con el desprecio que merece.

Lord Marley bordó esta ficción pocos días después de mi detención, dando a entender que me había comprometido a ser Gauleiter de Escocia bajo una ocupación alemana de Gran Bretaña.

Mis abogados le invitaron inmediatamente a repetir sus comentarios fuera. Ni que decir tiene que no lo hizo, ya que no hay ni una pizca de justificación para este individuo ni para sus calumnias.

La frase "simpatía por la política y los objetivos del

gobierno alemán" es engañosa hasta la deshonestidad. Sugiere un acuerdo o entendimiento general.

No existía nada parecido.

Nunca había estado en Alemania y, aparte de un almuerzo oficial en su embajada, no conocía a ningún alemán. Lo poco que había aprendido sobre el sistema nazi no me gustaba.

Nunca aprobé la idea de la formación de movimientos en líneas remotamente similares en Gran Bretaña. Al contrario, lo desaprobaba. Mi opinión era que el Partido Unionista, una vez ilustrado, era el organismo más capacitado para tomar las contramedidas necesarias al plan judío, y que para hacerlo con éxito ni siquiera necesitaba ir más allá de los poderes latentes en nuestra Constitución.

En general, mis opiniones sobre las aspiraciones alemanas coincidían exactamente con las expresadas por Lord Lothian en su discurso en Chatham House el 29 de junio de 1937, cuando dijo:

> "Ahora bien, si el principio de autodeterminación se aplicara a favor de Alemania de la forma en que se ha aplicado en su contra, significaría el regreso de Austria a Alemania, la unión de los Sudetes, Danzig y posiblemente Memel con Alemania, y ciertos ajustes con Polonia en Silesia y el Corredor."

El único aspecto de la política nazi que entró en especial contacto con mis puntos de vista fue la oposición a las actividades perturbadoras de la judería organizada.

Ningún patriota -británico, francés, alemán o de cualquier otra nacionalidad- está justificado para abandonar la defensa de su país ante esta embestida, una vez que ha reconocido su realidad.

Confundir la simpatía por este punto leal con la simpatía por la totalidad de la política y los objetivos nazis es deshonesto; desarrollar esta falacia hasta convertirla en una acusación de preferir ese sistema al nuestro, y de estar dispuesto a imponer ese sistema (que desapruebo) en mi propio país, es la última palabra de la infamia.

Característica especial (IV): Tras la creación de la Organización, se esforzó, en nombre de la misma, por introducir a miembros de la Organización en el Ministerio de Asuntos Exteriores, la Censura, la Rama de Inteligencia de la Oficina de Guerra y los Departamentos del Gobierno, con el fin de promover los verdaderos objetivos de la Organización, tal y como se definen en (I).

Respuesta

Una vez más, tenemos aquí la fabricación de la acusación totalmente injustificable de un propósito secreto e injusto, ya tratada en el punto particular (I), y en mi memorándum.

En cuanto a la cuestión de los miembros del Club de la Derecha y los cargos gubernamentales, diría lo siguiente:

Dado que el objetivo del Club era difundir la verdad sobre el peligro judío lo antes posible, el tiempo era siempre un factor vital. Desde el principio estábamos en una carrera con los propagandistas judíos.

Contrarrestarlos en todos los ámbitos posibles era, obviamente, el método más rápido. Diez miembros en diez ámbitos diferentes difundirían nuestra información más amplia y rápidamente que diez miembros en la misma oficina o club.

Cada grupo político debe seguir estas líneas; este método es la práctica común de todos los partidos políticos.

En ningún momento me esforcé por conseguir un trabajo en una oficina gubernamental.

Si un socio tuviera que elegir entre dos trabajos, independientemente del que tomara, y me preguntara, le habría respondido claramente que, en lo que respecta al Club, deberíamos elegir el ámbito en el que no tuviéramos miembros para predicar el evangelio.

Para que los conocimientos lleguen a lugares como el Ministerio de Asuntos Exteriores, la Oficina de Guerra, etc., es obvio que las personas influyentes se ilustren lo antes posible.

Particularidad (v): Tras el comienzo de la guerra, se asoció con personas que conocía y las utilizó para oponerse activamente a los intereses británicos. Entre ellos se encontraban Anna Wolkoff y Tyler Kent, un bacalao empleado en la Embajada de Estados Unidos. A sabiendas de las actividades en las que participaban Wolkoff y Kent, continuó asociándose con ellos y utilizando sus actividades en nombre del Right Club y de él˙ mismo. En particular, sabiendo que Kent había retirado documentos importantes de la propiedad de la Embajada de los Estados Unidos de América, se dirigió al piso de Kent en el 47 de Gloucester Place, donde se guardaban muchos de dichos documentos, y los inspeccionó para sus propios fines. También depositó en manos de dicho Kent el registro secreto de los miembros del "Right Club", del que Kent se había convertido en miembro destacado, en un intento de mantener en secreto la naturaleza de la Organización.

Respuesta

En ningún momento de mi vida me he asociado con personas que sabía que se oponían a los intereses de Gran Bretaña. Por el contrario, todo mi historial demuestra que he dedicado más tiempo y esfuerzo que la mayoría a luchar contra esa gente.

Ciertamente, no sabía, y sigo sin saber, que el Sr. Kent o la Sra. Wolkoff estuvieran involucrados en ninguna actividad que estuviera calculada o fuera susceptible de perjudicar los intereses de Gran Bretaña.

Por mi propio conocimiento de ambos, y por las conversaciones que mantuve durante ese período, sé que ambos reconocían que las actividades de la judería organizada eran una de las fuerzas más dañinas en la política en general, y una de las más peligrosas para los intereses de Gran Bretaña en particular.

Todas sus acciones habrán estado dirigidas a contrarrestar estas potencias y sus designios, y desde luego no a nada que pueda perjudicar los intereses de Gran Bretaña.

Por mi parte, me gustaría añadir aquí de la manera más enfática, en vista de varias acusaciones falsas sobre este tema que han llegado a mis oídos desde entonces, que nunca he considerado, y obviamente nunca podría, pasar información a los sectores enemigos.

Teniendo razones para creer que los complots de la Internacional Judía para provocar una guerra total se originaban en Nueva York, y sabiendo que se estaban llevando a cabo actividades para sabotear la política de pacificación del Sr. Chamberlain y para provocar su derrocamiento, era mi deber obvio como miembro del Parlamento, y todavía leal al Sr. Chamberlain, hacer cualquier investigación que pudiera.

Deposité el Libro Rojo con los nombres de los miembros del Right Club en el piso del Sr. Kent durante el período de mi ausencia de Londres, sólo después de oír hablar de varias personas que habían visto sus papeles (que trataban del mismo tipo de temas que los míos) saqueados por desconocidos en su ausencia.

Como ya he dicho, había dado garantías explícitas de confidencialidad a algunas de las personas cuyos nombres figuraban en él. Si sus nombres hubieran caído en manos de la policía secreta británica, compuesta por judíos, su actitud ante la amenaza judía se habría conocido inmediatamente en los mismos barrios de los que insistían en mantenerse al margen, es decir, los barrios judíos.

El robo político no es nuevo en este país, cuando se sospecha que uno tiene información sobre las actividades de la judería organizada.

A Lord Craigmyle, cuando era Lord de Apelación, le saquearon toda su casa, le abrieron todos los cajones y le registraron todos los papeles sin que le robaran nada, en un momento en que era razonable suponer que sus papeles contenían esos objetos.

El teniente jefe de la policía de Edimburgo declaró en su momento que se trataba de un "robo político"; nunca se encontró a los autores. (Véase la carta de Lord Craigmyle del 6 de julio de 1920, titulada "Edimburgo y la libertad", publicada en *Cartas a Israel*).

Particularidad (VI): Permitió y autorizó a su esposa a actuar en su nombre asociándose con personas que sabía que eran activas en la oposición a los intereses británicos y utilizándolas. Entre estas personas se encontraban Anna Wolkoff, Tyler Kent y la señora Christabel Nicholson.

Respuesta

No hay nada de cierto en este particular, y me propongo tratarlo con el desprecio que merece.

Ni que decir tiene que la Comisión Consultiva del Ministerio del Interior no ha aportado ninguna prueba que apoye las calumnias contenidas en ninguno de los documentos mencionados.

CONCLUSIÓN

Presento esta declaración, junto con los comentarios sobre los particulares, no para mi propio beneficio, sino para iluminar al país.

Cuando las cosas llegan a un punto en el que un juez de apelación, cuyos papeles son sospechosos de estar vinculados al plan de la judería organizada, puede ser "robado políticamente";

Cuando un libro blanco que contiene pasajes vitales sobre el bolchevismo mundial judío puede ser retirado inmediatamente, y reimpreso con los pasajes vitales omitidos;

Cuando un importante industrial británico puede ser chantajeado por la judería organizada para que se someta mediante boicots, huelgas, sabotajes e incendios;

Cuando un diputado, que se atreve a tratar de advertir al país contra esta amenaza de la judería organizada y sus auxiliares (la única quinta columna que realmente existe en este país), es encarcelado durante tres años por cargos falsos;

Cuando estas cosas pueden suceder en Gran Bretaña,

debe haber algo mal en alguna parte.

En un momento en el que Gran Bretaña y el Imperio están inmersos en una lucha a muerte, no puede haber lugar para las sucias enseñanzas y actividades que he mencionado.

Mientras nuestros marineros, soldados y aviadores obtienen victorias sobre enemigos externos, es sin duda el deber de todo patriota luchar contra este enemigo interno en casa.

El Primer Ministro, en su discurso de Mansion House, dijo que no se había convertido en Primer Ministro del Rey para presidir la liquidación del Imperio Británico.

Hay más de una forma de ver la liquidación del Imperio Británico hoy en día; y el Libertador Nacional que esté decidido a contrarrestar todas ellas no sólo necesitará el mayor apoyo de todos los patriotas, sino que creo que se demostrará que sus dificultades más formidables emanarán precisamente de aquellos poderes a los que yo y otros miembros del Club de la Derecha nos hemos esforzado por oponernos y exponer.

LOS ESTATUTOS DE LA JUDERÍA

El Estatutz de la Jeuerie 1275 [A.D.].
Extracto de los Estatutos del Reino.
Vol. 1, página 221.

LOS ESTATUTOS DE LA JUDERÍA [19]

La usura está prohibida para los judíos

El rey se ha dado cuenta de que varios males y la desheredación de los hombres buenos de su país han surgido de los usureros judíos en el pasado, y que varios pecados han surgido de ellos, aunque él y sus antepasados han recibido muchos beneficios del pueblo judío en todos los tiempos pasados, sin embargo, para el honor de Dios y el beneficio común del pueblo, el rey ha ordenado y establecido que en adelante ningún judío prestará nada con usura, ya sea sobre la tierra, la renta o

---

[19] El Parlamento que aprobó este estatuto incluía a representantes de los Comunes, y fue probablemente el primer estatuto en cuya promulgación participaron los Comunes. Es significativo que la primera prueba de los sentimientos y deseos de los plebeyos se expresara en una forma tal como estos Estatutos de la Judería, ante el hecho, claramente evidente en el texto, de que los reyes debían mucho a las actividades judías, que exigían regularmente dinero a los judíos y que permitían a su vez que el pueblo les pagara.

cualquier otra cosa.

Y que no habrá usura en el tiempo desde la última fiesta de San Eduardo. No obstante, se observarán los compromisos contraídos anteriormente, salvo que cesarán los préstamos con usura. Pero todos los que tengan deudas con los judíos en prenda de bienes muebles deberán pagarlas entre hoy y la Pascua, o serán confiscadas. Y si algún judío presta con usura en contra de esta ordenanza, el rey no ayudará, ni por sí mismo ni por sus funcionarios, a recuperar su préstamo, sino que lo castigará como quiera por la ofensa, y hará justicia al cristiano para que pueda obtener de nuevo sus prendas.

Angustia judía

Y que el embargo por deudas debidas a los judíos no sea en adelante tan severo que la parte de las tierras y bienes muebles de los cristianos quede para su mantenimiento; y que no se haga ningún embargo por una deuda judía sobre el heredero del deudor nombrado en la escritura del judío, ni sobre ninguna otra persona que posea la tierra que pertenecía al deudor antes de que la deuda sea llevada a juicio y concedida en el tribunal.

Valoración de la tierra tomada por la deuda de un judío

Y si el sheriff u otro alguacil, por orden del Rey, diera Saisin (posesión) a cualquier judío, ya sea uno o más, por su deuda, los bienes muebles serán evaluados por los juramentos de hombres buenos, y serán entregados al judío o judíos o a su agente por el monto de la deuda; y si los bienes muebles no son suficientes, las tierras se extenderán por el mismo juramento antes de la entrega del Seizin al judío o a los judíos, a cada uno en la proporción que le corresponda, para que se sepa con certeza que la deuda está saldada, y el cristiano pueda recuperar sus tierras; diciéndole siempre al cristiano la parte de sus tierras y bienes muebles para el mantenimiento como se ha dicho, y el señorío principal.

Garantía para los judíos :

Y si después se encuentra un mueble en posesión de un judío, y alguien lo demanda, el judío tendrá derecho a su fianza, si puede conseguirla; si no, que responda de tal manera que no sea más privilegiado que un cristiano.

Residencia de los judíos

Y que todos los judíos habiten en las ciudades y villas del Rey, donde suelen estar las arcas de los quirografarios de los judíos.

Su insignia

Y que todo judío, después de haber cumplido los siete años de edad, lleve en su vestimenta exterior una insignia, es decir, en forma de dos tablas unidas de fieltro amarillo, de seis pulgadas de largo y tres de ancho.

Su impuesto

Y que todo hombre, después de haber cumplido los doce años de edad, pagará tres peniques al año, en Pascua, como impuesto al Rey, a quien está obligado, y esto tanto para una mujer como para un hombre.

Transferencia de tierras, etc., por parte de los judíos

Y que ningún judío tendrá el poder de enfeoff (tomar posesión) a cualquier otro judío o cristiano de las casas, rentas o tenencias que ahora posee, ni alienar de cualquier otra manera, ni hacer que ningún cristiano pague su deuda sin la licencia especial del Rey, hasta que el Rey haya determinado lo contrario.

Privilegios de los judíos

Y como es voluntad y tolerancia de la Santa Iglesia que vivan y se conserven, el Rey los toma bajo su protección, y les concede su paz ; y quiere que sean preservados y defendidos en seguridad por sus alguaciles y otros alguaciles y por sus hombres de confianza, y ordena que nadie les haga ningún daño o perjuicio o agravio en sus cuerpos o en sus bienes, muebles o inmuebles, y que no aleguen ni sean imputados en ningún tribunal ni sean disputados o perturbados en ningún tribunal, excepto en el tribunal del Rey, de quien están obligados; y que ninguno de ellos deberá obediencia, servicio o renta, sino al Rey o a sus alguaciles en su nombre, a menos que sea por el alojamiento que ahora ocupan pagando una renta, salvo el derecho de la Santa Iglesia.

Relaciones entre judíos y cristianos

Y el Rey les concede que puedan ganarse la vida con mercancías lícitas y con su trabajo, y que puedan tener relaciones con los cristianos con el fin de comerciar lícitamente vendiendo y comprando. Pero que ningún cristiano, por esta u otra razón, pueda habitar entre ellos. Y el Rey quiere que, por razón de sus mercancías, no estén sujetos a la suerte y al hollín, ni a la imposición de impuestos con los hombres de las ciudades y villas en las que habitan, pues son responsables ante el Rey como sus obligados y ante nadie más que el Rey.

Viviendas y granjas, etc.

Además, el Rey concede que puedan comprar casas y castillos en las ciudades y villas en las que residen, para que los posean en jefe del Rey, reservando a los señores del derecho sus debidos y habituales servicios. Y que pueden tomar y comprar fincas o tierras por un plazo de diez años o menos sin recibir tributos o feudales u otro tipo de obediencia de los cristianos y sin tener avales de las iglesias, y que pueden ganarse la vida en el mundo, si no tienen medios de comercio o no pueden trabajar; y esta licencia para tomar tierras de cultivo les durará quince años a partir de este momento.

HISTORIA DE LA PRESENCIA DE LOS JUDÍOS EN GRAN BRETAÑA

1215 - Carta Magna

1255 - Asesinato ritual de San Hugo de Lincoln. Enrique III ordena personalmente un juicio y 18 culpables son ejecutados, todos judíos.

1275 - Se adopta el Estatuto de los Judíos; restringe a los judíos a ciertas regiones, les prohíbe la usura, la propiedad de tierras y el contacto con el pueblo; les obliga a llevar un distintivo amarillo.

1290 - Eduardo I destierra a los judíos de Inglaterra.

1657 - Oliver Cromwell, financiado por Manasseh Ben Israel y Moses Carvajal, permitió a los judíos regresar a Inglaterra, aunque la orden de destierro nunca fue rescindida por el Parlamento. [20]

---

[20] Y se ha argumentado que los judíos nunca abandonaron realmente Inglaterra, sino que simplemente pasaron a la clandestinidad hasta el asesinato del Rey. Esto es ciertamente más plausible que pensar que todos los judíos abandonaron el país. Sobre todo porque Cromwell era un peón de los judíos, no un esbirro del rey.

1689 - Los judíos de Ámsterdam financian la rebelión contra el rey Jaime II. El principal, Salomón Medina, sigue a Guillermo de Orange a Inglaterra.

1694 - Se crea el Banco de Inglaterra y se instituye la deuda nacional, garantizando a los prestamistas judíos una primera carga sobre los impuestos de Inglaterra por los intereses de sus préstamos. El derecho a imprimir dinero se transfiere de la Corona a este "Banco de Inglaterra".

1707 - Se impone a Escocia la unión económica y política contra el voto de todos los países y municipios; se impone a Escocia la deuda nacional y se suprime la Real Casa de la Moneda de Edimburgo.

COMENTARIOS DE HOMBRES FAMOSOS SOBRE LOS JUDÍOS

Séneca 4 a.C. a 5 d.C.

"Las costumbres de este pueblo maldito se han hecho tan fuertes que se han extendido a todos los países".

San Justino 116 d.C.

"Los judíos estaban detrás de todas las persecuciones a los cristianos. Vagaban por todo el país, odiando y socavando la fe cristiana".

Mohammed 570.

"No entiendo por qué no hemos expulsado a estas bestias que respiran muerte durante mucho tiempo... ¿acaso estos judíos son algo más que comedores de hombres?

Martín Lutero 1483.

"Cómo les gusta a los judíos el libro de Ester, que se adapta tan bien a su apetito sanguinario, vengativo y asesino y a su esperanza. El sol nunca brilló sobre un pueblo tan sanguinario y vengativo, que acaricia la idea de asesinar y estrangular a los gentiles. Ningún otro hombre bajo el sol es más codicioso que ellos, y siempre lo será, como puede verse por su maldito desgaste. Se consuelan con el pensamiento de que cuando su Mesías venga, reunirá todo el oro y la plata del mundo y lo repartirá entre ellos."

Clemente VIII Papa 1592.

"El mundo entero sufre la usura de los judíos, sus monopolios y sus engaños. Han sumido en la pobreza a muchos pueblos desafortunados, especialmente a los agricultores, los trabajadores y los más pobres."

Voltaire 1694.

"Los judíos no son más que un pueblo ignorante y bárbaro, que desde hace mucho tiempo combina la avaricia más detestable con la superstición más abominable y el odio insaciable de todos los pueblos entre los que son tolerados, y por los que se enriquecen.

Napoleón

"He decidido mejorar a los judíos: pero ya no los quiero en mi Reino: de hecho, he hecho todo para demostrar mi desprecio por la nación más vil del mundo".

Benjamin Franklin 1789.

Declaración a la Convención sobre la Inmigración Judía :

"Hay un gran peligro para los Estados Unidos de América, y ese gran peligro es el judío. Señores, en todos los países en los que se han establecido los judíos, han rebajado el nivel moral y reducido el grado de honestidad comercial.

Han permanecido separados y no asimilados: han creado un Estado dentro del Estado y, cuando se oponen, intentan estrangular financieramente a la nación, como en el caso de Portugal y España.

Durante más de 1700 años se han lamentado de su triste destino, de haber sido expulsados de su patria, pero señores, si el mundo civilizado de hoy les devolviera Palestina y sus posesiones, encontrarían inmediatamente razones de peso para no volver. ¿Por qué? Porque son vampiros. Como son vampiros, no pueden vivir entre ellos; deben vivir entre cristianos y otros que no pertenecen a su raza.

Si no son excluidos de los Estados Unidos por la Constitución, en menos de 100 años inundarán este país en tal número que nos gobernarán, nos destruirán y cambiarán nuestra forma de gobierno por la que los estadounidenses hemos derramado nuestra sangre y sacrificado nuestras vidas, propiedades y libertad personal.

Si no se excluye a los judíos, dentro de 200 años nuestros hijos estarán trabajando en el campo para alimentar a los judíos mientras ellos estarán sentados en la sala de recuento frotándose felizmente las manos.

Les advierto, señores, que si no excluyen a los judíos para siempre, los hijos de sus hijos los maldecirán en sus tumbas.

Sus ideas no son las de los estadounidenses, aunque hayan vivido entre nosotros durante diez generaciones. El leopardo no puede cambiar sus manchas. Los judíos son un peligro para este país y si se les permite entrar, pondrán en peligro nuestras instituciones: deberían ser excluidos por la Constitución".

Copia del folleto diseñado por el autor tras el acuerdo de Múnich

¿Sabías que...

El Sr. CHAMBERLAIN fue quemado en efigie en Moscú en cuanto se supo que había conseguido la paz, lo que demuestra muy claramente QUIENES QUERÍAN LA GUERRA y quiénes siguen trabajando sin cesar para atizar los conflictos en todo el mundo...

Publicado por MILITANT CHRISTIAN PATRIOTS, 93 Chancery Lane, W.C.1 (Holborn 2137), e impreso por W. Whitehead, 22 Lisle st. W.C.2

La reimpresión oficial de *Free Britain de* junio de 1954

LA MORDAZA OFICIAL

Lord Jowitt, ya sea con un deseo tardío de hacer justicia al capitán Ramsay o ahora receloso de repetir las invenciones del pasado, admitió en sus memorias de los juicios de guerra, publicadas en el *London Evening Standard* del 13 de mayo, que los acusados en el caso Tyler Kent fueron siempre de buena fe.

Lord Jowitt, para publicar estas memorias, se vio obligado a plantear una cuestión que ni el capitán Ramsay ni Anna Wolkoff pueden todavía plantear en su propia defensa, ya que la naturaleza de los documentos implicados en el caso ha sido declarada un secreto oficial que no pueden revelar.

Otros, sin embargo, son ahora libres de decir lo que han sabido todo el tiempo, es decir, que el capitán Ramsay nunca intentó comunicarse con Alemania, sino que estaba tratando de comunicar al entonces Primer Ministro, el Sr. Chamberlain, cierta información que este último estaba esperando y que, debido a la detención del capitán Ramsay, nunca le llegó.

Sin embargo, parte de esta información llegó al Sr. Chamberlain a través de otros canales, ya que se reveló en los papeles de Forestall que el Sr. Chamberlain se había convencido, e incluso se lo había dicho al Sr. Forestall, de que los poderosos círculos judíos de Nueva York eran los únicos responsables de la entrada de Gran Bretaña en la guerra, cosa que no sospechaba en ese momento, aunque era Primer Ministro y debería haber estado al tanto de lo que ocurría.

El clavo que se clavó entre el Sr. Chamberlain y el capitán Ramsay fue el confinamiento y el abuso de la Ley de Secretos Oficiales, seguido de la elaborada difusión de la completa invención por parte del Ministerio del Interior de que "el citado capitán Archibald Maule Ramsay, M.P... había expresado su deseo de cooperar con el Gobierno alemán en la conquista y posterior gobierno de Gran Bretaña".

Lord Marley añadió más tarde a esta invención diciendo a la Cámara de los Lores que sabía de buena tinta que el capitán Ramsay había aceptado ser Gauleiter de Escocia bajo una ocupación alemana de Gran Bretaña. Ignoró el desafío de los abogados del capitán Ramsay de repetir la acusación fuera de la Cámara.

Durante catorce años, lord Jowitt debió de saber perfectamente que el capitán Ramsay estaba llevando a cabo una investigación para convencer al señor Chamberlain de que existían pruebas documentales de los hechos que el capitán Ramsay ya le había revelado, y que la detención del capitán Ramsay tenía por objeto impedir que esas pruebas documentales se presentaran al Primer Ministro. Pero han tenido que pasar todos estos años para que Lord Jowitt reconozca que el capitán Ramsay es un hombre honesto que "nunca habría condonado un acto que reconocía que iba en contra de los intereses de su país".

G.P.

Libro Blanco alemán sobre la última fase de la crisis germano-polaca

DOCUMENTOS DEL LIBRO BLANCO ALEMÁN

Sobre la última fase de la crisis germano-polaca
BIBLIOTECA DE INFORMACIÓN ALEMANA DE NUEVA YORK

Nota sobre el Libro Blanco alemán (pp 3-6)

El Libro Blanco alemán presentado aquí es una colección de documentos y discursos oficiales, no una colección de conversaciones incontrolables. No pretende abarcar todo el ámbito de las relaciones germano-polacas, sino que, como indica su título, se centra únicamente en la última fase de la crisis germano-polaca, del 4 de agosto al 3 de septiembre de 1939.

La controversia germano-polaca sobre el Corredor, la Alta Silesia y Danzig, comenzó en 1919 y ha sido un tema constante en Europa desde el Tratado de Versalles. Durante muchos años, comentaristas y estadistas inteligentes de todas las naciones, incluida Gran Bretaña, estuvieron de acuerdo en que la separación de Prusia Oriental del Reich, y de hecho de toda la colonia polaca, era injusta y estaba llena de peligros.

Alemania intentó en repetidas ocasiones resolver las diferencias entre ambos países con un espíritu amistoso. Sólo cuando todas las negociaciones resultaron inútiles y Polonia se unió al frente envolvente contra Alemania, el canciller Hitler cortó el nudo gordiano con la espada. Fue

Inglaterra la que forzó la espada en su mano.

Gran Bretaña afirma en su Libro Azul y en otros lugares que se vio obligada a "garantizar" a Polonia contra la "agresión" por motivos de moralidad internacional.

Lamentablemente, el gobierno británico admitió más tarde (Subsecretario de Estado Butler, Cámara de los Comunes, 19 de octubre de 1939) que la "garantía" era sólo para Alemania.

No era válido en caso de conflicto con otros poderes. En otras palabras, la "garantía" británica era sólo un eslabón de la cadena de cerco británico. La crisis polaca fue fabricada deliberadamente por Gran Bretaña con la complicidad de Polonia: ¡fue la mecha para provocar la explosión!

Naturalmente, Gran Bretaña trata de ocultar este hecho. Las declaraciones oficiales británicas sobre el estallido de la guerra hacen gran hincapié en la afirmación de que Gran Bretaña no dio una "garantía" oficial a Polonia hasta el 31 de marzo de 1939, mientras que la petición alemana a Polonia, que ésta rechazó, se hizo el 21 de marzo. Gran Bretaña argumenta que la "garantía" británica fue simplemente una consecuencia de la petición alemana del 21 de marzo.

Gran Bretaña niega que su "garantía" haya reforzado la resistencia polaca. Insiste en que Alemania aprovechó un momento de tensión internacional para imponer a Polonia su demanda de una ruta extraterritorial a través del corredor Reich-Prusia Oriental.

Los británicos ignoran un hecho clave en este sentido. La existencia de la "garantía", y no su anuncio formal, fue el factor decisivo. Tal vez el futuro revele cuándo se hizo la primera promesa británica a Polonia. En cualquier caso, Polonia tenía asegurada la ayuda británica *antes* del 21 de marzo.

El discurso de Chamberlain del 17 de marzo de 1939 y la declaración de Lord Halifax del 20 de marzo (ambos reproducidos en el Libro Azul británico) no dejan lugar a dudas sobre esta cuestión. La "garantía" británica tenía el carácter de un cheque en blanco. Polonia no sabía, mientras marchaba a su perdición, que el cheque no sería honrado.

Las alegaciones de que los polacos se vieron sorprendidos o abrumados por las propuestas alemanas no se sostienen. Polonia era plenamente consciente de las exigencias alemanas. Cuando, como señala Herr von Ribbentrop en su discurso sobre Danzig (24 de octubre de 1939), el canciller Hitler concluyó un pacto de amistad y no agresión con el mariscal Pilsudski en 1934, se comprendió claramente que el problema de Danzig y del corredor tendría que resolverse tarde o temprano. El Canciller Hitler esperaba que se resolviera en el marco de este instrumento.

Tras la muerte del mariscal Pilsudski, Polonia descuidó despiadadamente sus obligaciones en virtud del Pacto germano-polaco. La persecución de las minorías alemanas en Polonia, las medidas adoptadas por Polonia para estrangular económicamente a Danzig, la actitud insolente que el gobierno polaco decidió adoptar con el cheque en blanco británico en el bolsillo y la movilización polaca frustraron el deseo del canciller Hitler de resolver las diferencias germano-polacas mediante negociaciones pacíficas, como había resuelto todos los demás problemas derivados del fracaso de la diplomacia en Versalles.

Nadie puede afirmar que el gobierno nacionalsocialista no intentara con extraordinaria paciencia hacer comprender a Polonia la conveniencia de una solución rápida y pacífica. El gobierno polaco conocía la solución concreta propuesta por el canciller Hitler desde el 24 de octubre de 1938. La naturaleza de las propuestas alemanas fue discutida al menos cuatro veces entre los dos gobiernos antes del 21 de marzo de 1939. El 24 de octubre de 1938, von Ribbentrop, ministro de Asuntos Exteriores alemán, propuso al embajador polaco, Lipski, cuatro medidas para corregir la injusticia de Versalles y eliminar todas las fuentes de fricción entre los dos países.

1). La devolución de la Ciudad Libre de Danzig al Reich, sin romper sus lazos económicos con el Estado polaco. (El acuerdo otorgaba a Polonia privilegios portuarios gratuitos y acceso extraterritorial al puerto).

2.) Una vía de comunicación extraterritorial [sic] a través del corredor por ferrocarril y automóvil para reunificar Alemania y Prusia Oriental.

3.) Reconocimiento mutuo por parte de ambos Estados de sus fronteras como definitivas y, en su caso, garantía mutua de sus territorios.

4.) La ampliación del pacto germano-polaco de 1934 de diez a veinticinco años.

El 5 de enero de 1939, el Ministro de Asuntos Exteriores polaco, Josef Beck, discutió las cuestiones en juego con el Canciller alemán. En este punto, el canciller Hitler ofreció a Beck una garantía clara y precisa que cubría el Corredor, basada en los cuatro puntos esbozados por von Ribbentrop. Al día siguiente, el 6 de enero, en Múnich, el Ministro de Asuntos Exteriores alemán confirmó una vez más la voluntad de Alemania de garantizar no sólo el Corredor, sino todo el territorio polaco.

La generosa oferta de un acuerdo en este sentido, eliminando toda fricción entre los dos países, fue reiterada cuando el ministro de Asuntos Exteriores von Ribbentrop realizó una visita de Estado a Varsovia (23-17 de enero de 1939). En esta ocasión, von Ribbentrop volvió a ofrecer una garantía de las fronteras germano-polacas y una solución definitiva y global de las relaciones germano-polacas.

En estas circunstancias, es absurdo afirmar que Polonia fue "sorprendida" por la propuesta alemana del 21 de marzo y los acontecimientos posteriores. Es posible que Polonia haya ocultado las ofertas amistosas y conciliadoras de Alemania desde París y Londres. Con o sin el impulso británico, Polonia preparó el escenario para una escena melodramática, en la que el villano alemán amenazó brutalmente su soberanía e independencia.

A pesar de la intransigencia polaca, que culminó con amenazas de guerra, el canciller Hitler hizo un último intento desesperado por evitar el conflicto. Llamó a un plenipotenciario polaco para discutir la solución presentada en el Documento 15 del Libro Blanco alemán.

Esta solución preveía la devolución de Danzig al Reich, la protección de las minorías polacas y alemanas, un plebiscito en el Corredor bajo auspicios neutrales, la salvaguarda, sea cual sea el resultado, del acceso exterior de Polonia al mar sin trabas.

Los británicos se complacen en calificar este razonable documento de "ultimátum". Esto es una completa distorsión de los hechos. El Gobierno alemán, es cierto, había fijado un plazo (30 de agosto) para la aceptación de su propuesta, pero esperó veinticuatro horas después de su vencimiento antes de concluir que las posibilidades de negociaciones diplomáticas se habían agotado. Inglaterra y Polonia tuvieron todas las oportunidades de actuar en esas veinticuatro horas.

Los británicos afirman que las exigencias de Alemania no eran conocidas ni por Varsovia ni por Londres. Esta afirmación queda desmontada por el propio Libro Azul británico, ya que en él encontramos un despacho de Sir Neville Henderson, embajador británico en Berlín, que no deja lugar a dudas de que transmitió la propuesta alemana a Londres después de su conferencia de medianoche con von Ribbentrop el 30 de agosto, y que entendió los puntos esenciales de la propuesta alemana. Henderson incluso transmitió al gobierno británico la garantía del canciller Hitler de que el negociador polaco sería recibido con la misma cortesía y consideración que se debe al emisario de un estado soberano.

Henderson envió su mensaje nocturno no sólo a Downing Street sino también a la embajada británica en Varsovia. Hay pruebas, que han llegado recientemente a poder del Ministerio de Asuntos Exteriores alemán, de que, a pesar de todas sus protestas de ignorancia e impotencia, el Gabinete británico comunicó directamente al Gobierno polaco la sustancia de la conversación de medianoche de Henderson con el Ministro de Asuntos Exteriores alemán. El Daily Telegraph de Londres, en una edición tardía del 31 de agosto, publicó la siguiente declaración:

> "En la reunión del Gabinete de ayer, en la que se aprobaron los términos de la nota británica, se decidió enviar un masaje a Varsovia, indicando el alcance de las últimas demandas de anexión de territorio de Berlín.

Este artículo sólo apareció en algunos números. Se ha eliminado de las ediciones posteriores.

Las exigencias de Alemania eran tan razonables que ningún gobierno polaco en su sano juicio se habría atrevido a rechazarlas. Sin duda, habrían sido aceptados si Inglaterra hubiera aconsejado moderación. El 2 de septiembre se presentó una última oportunidad para preservar la paz. Fue ofrecido por un mensaje del Primer Ministro Mussolini (Documento 20). La sugerencia italiana fue aceptada por Alemania y Francia (Documento 21), pero rechazada por Gran Bretaña (Documento 22).

LA ÚLTIMA FASE DE LA CRISIS GERMANO-POLACA

(pp.7-12)

En el apéndice se encuentran los documentos que se intercambiaron en los últimos días antes del comienzo de la acción defensiva alemana contra Polonia y la intervención de las potencias occidentales, o que en cualquier otro aspecto se relacionan con estos acontecimientos. Estos documentos, resumidos brevemente, ofrecen la siguiente visión general:

1). A principios de agosto, el Gobierno del Reich fue informado de un intercambio de notas entre el representante polaco en Danzig y el Senado de la Ciudad Libre (Danzig), según el cual el Gobierno polaco, en forma de ultimátum a corto plazo y bajo amenaza de medidas de represalia, había exigido la retirada de una supuesta orden del Senado -una orden que, de hecho, nunca se había emitido- relativa a las actividades de los inspectores de aduanas polacos (documentos 1 a 3).

Esto llevó al Gobierno del Reich a informar al Gobierno polaco, el 9 de agosto, de que la repetición de estas exigencias en forma de ultimátum conduciría a un empeoramiento de las relaciones entre Alemania y Polonia, del que sólo sería responsable el Gobierno polaco.

Al mismo tiempo, se llamó la atención del gobierno polaco sobre el hecho de que la continuación de las medidas económicas adoptadas por Polonia contra Danzig obligaría a la Ciudad Libre a buscar otras posibilidades de exportación e importación (documento 4).

El Gobierno polaco respondió a esta comunicación del Gobierno del Reich con un aide-mémoire del 10 de agosto, entregado a la Embajada de Alemania en Varsovia, que dio lugar a la declaración de que Polonia interpretaría como una acción agresiva cualquier intervención del Gobierno del Reich en los asuntos de Danzig, que pudiera poner en peligro los derechos e intereses polacos allí (documento 5).

2). El 22 de agosto, el Primer Ministro británico, Neville Chamberlain, con la impresión de que era inminente un pacto de no agresión entre Alemania y la URSS, envió una carta personal al Führer. En él expresaba, por un lado, la firme determinación del Gobierno británico de cumplir sus obligaciones con Polonia y, por otro, la opinión de que era preferible, en primer lugar, restablecer un clima de confianza y, en segundo lugar, resolver los problemas germano-polacos mediante negociaciones que condujeran a un acuerdo que debería estar garantizado internacionalmente (Documento 6).

En su respuesta del 23 de agosto, el Führer expone las *verdaderas* causas de la crisis germano-polaca.

Se refirió, en particular, a la generosa propuesta que había hecho en marzo de ese año y afirmó que la falsa información difundida por Inglaterra en ese momento sobre una movilización alemana contra Polonia, las afirmaciones igualmente incorrectas sobre las intenciones agresivas de Alemania hacia Hungría y Rumanía y, Por último, la garantía dada por Inglaterra y Francia al gobierno polaco había animado a los polacos no sólo a rechazar la oferta alemana, sino a desatar una ola de terror contra los alemanes que vivían en Polonia y a estrangular económicamente a Danzig. Al mismo tiempo, el Führer declaró que no se impediría a Alemania proteger sus derechos vitales mediante ningún método de intimidación (Documento 7).

3). Aunque la mencionada carta del Primer Ministro británico del 22 de agosto, así como los discursos de los estadistas británicos del día siguiente, mostraban una total incomprensión del punto de vista alemán, el Führer decidió, no obstante, hacer un nuevo intento de llegar a un acuerdo con Gran Bretaña.

El 25 de agosto recibió al embajador británico, le expuso de nuevo con toda franqueza su concepción de la situación y le comunicó los principios fundamentales de un acuerdo global y con visión de futuro entre Alemania e Inglaterra que propondría al gobierno británico una vez resueltos el problema de Danzig y el corredor polaco (documento 8).

4). Mientras el gobierno británico discutía la declaración anterior del Führer, tuvo lugar un intercambio de cartas entre el presidente francés, M. Daladier, y el Führer. En su respuesta, el Führer volvió a explicar las razones de la posición de Alemania en la cuestión germano-polaca y reiteró su firme decisión de considerar la actual frontera franco-alemana como definitiva (documentos 9 y 10).

5). En su respuesta a la gestión del Führer del 25 de agosto, entregada en la noche del 28 de agosto, el Gobierno británico declaró su disposición a examinar la propuesta de revisión de las relaciones anglo-alemanas. También declaró que había recibido garantías formales del Gobierno polaco de que estaba dispuesto a entablar conversaciones directas con el Gobierno del Reich sobre cuestiones germano-polacas.

Al mismo tiempo, reiteran su opinión de que un acuerdo germano-polaco debe estar salvaguardado por garantías internacionales (documento 11).

A pesar de los graves temores que suscitaba toda la actitud anterior de Polonia, y a pesar de las justificadas dudas sobre el sincero deseo del Gobierno polaco de llegar a un acuerdo directo, el Führer, en su respuesta entregada al embajador británico en la tarde del 29 de agosto, aceptó la propuesta británica y declaró que el Gobierno del Reich esperaba la llegada de un representante polaco con poderes plenipotenciarios el 30 de agosto. Al mismo tiempo, el Führer anunció que el Gobierno del Reich elaboraría inmediatamente propuestas para una solución aceptable para él y que las prepararía, si era posible, para el Gobierno británico antes de la llegada del negociador polaco (Documento 12).

6). En el transcurso del 30 de agosto no llegó a Berlín ni un negociador polaco con poderes plenipotenciarios ni ninguna comunicación del gobierno británico sobre los pasos que había dado. Por el contrario, el Gobierno del Reich fue informado de la orden de movilización general para Polonia ese mismo día (Documento 13).

No fue hasta la medianoche cuando el embajador británico entregó un nuevo memorándum que, sin embargo, no revelaba ningún progreso concreto en el tratamiento de las cuestiones germano-polacas y se limitaba a decir que la respuesta del Führer del día anterior debía ser comunicada al Gobierno polaco y que el Gobierno británico consideraba impracticable establecer un contacto germano-polaco ya el 30 de agosto (Documento 14).

7). Aunque la no comparecencia del negociador polaco eliminó las condiciones en las que el Gobierno británico debía ser informado de la concepción del Gobierno del Reich sobre las bases en las que podrían ser posibles las negociaciones, las propuestas formuladas desde entonces por el Reich fueron, no obstante, comunicadas y explicadas detalladamente al embajador británico cuando éste le entregó el memorándum antes mencionado.

El Gobierno del Reich esperaba en cualquier caso que posteriormente se nombrara un plenipotenciario polaco. En cambio, el embajador polaco en Berlín declaró verbalmente al Ministro de Asuntos Exteriores del Reich en la tarde del 31 de agosto que el Gobierno polaco había sido informado la noche anterior por el Gobierno británico de que existía la posibilidad de entablar negociaciones directas entre el Gobierno del Reich y el Gobierno polaco, y que el Gobierno polaco estaba considerando favorablemente la propuesta británica.

El Ministro de Asuntos Exteriores del Reich le preguntó expresamente si estaba facultado para negociar sobre las propuestas alemanas, y el Embajador declaró que no estaba facultado para hacerlo, sino que simplemente había recibido instrucciones de hacer la declaración verbal anterior. Una nueva pregunta del Ministro de Asuntos Exteriores del Reich sobre si podía entrar en una discusión objetiva del asunto fue rechazada expresamente por el Embajador.

8). El gobierno del Reich se enfrentó así al hecho de que había pasado dos días esperando en vano a un plenipotenciario polaco. En la noche del 31 de agosto, publicaron las propuestas alemanas con un breve relato de los acontecimientos que las precedieron (documento 15).

Estas propuestas fueron calificadas de inaceptables por la radio polaca (documento 16).

9). Agotada así toda posibilidad de solución pacífica de la crisis germano-polaca, el Führer se vio obligado a resistir por la fuerza que los polacos llevaban tiempo empleando contra Danzig, contra los alemanes en Polonia y, finalmente, mediante innumerables violaciones de la frontera, contra Alemania.

10). En la noche del [1] de septiembre, los embajadores británico y francés entregaron al Ministro de Asuntos Exteriores del Reich dos notas en los mismos términos, en las que pedían a Alemania que retirara sus tropas del territorio polaco y declaraban que, de no ser atendida esta petición, sus respectivos gobiernos cumplirían sus obligaciones con Polonia sin más dilación (documentos 18 y 19).

11). Para evitar la amenaza de guerra, que se acercó peligrosamente a raíz de estas dos notas, el Duce hizo una propuesta de armisticio y una posterior conferencia para la solución del conflicto germano-polaco (Documento 20).

Los alemanes y el gobierno francés respondieron positivamente a esta propuesta, mientras que el gobierno británico se negó a aceptarla (Documentos 21 y 11).

Esto ya estaba claro en los discursos pronunciados por el

Primer Ministro y el Secretario de Asuntos Exteriores británicos en las Cámaras del Parlamento británico en la tarde del 2 de septiembre, y el embajador italiano había hecho una comunicación en este sentido al Ministro de Asuntos Exteriores del Reich en la tarde del 2 de septiembre. Así, en opinión del Gobierno italiano, la iniciativa del Duce había sido aplastada por Gran Bretaña.

12). El 3 de septiembre, a las 9 de la mañana, el embajador británico se dirigió al Ministerio de Asuntos Exteriores alemán y le entregó una nota en la que el gobierno británico, fijando un plazo de dos horas, reiteraba su exigencia de retirada de las tropas alemanas y, en caso de negativa, se declaraba en guerra con Alemania al término de dicho plazo (Documento 23).

El 3 de septiembre de 1939, a las 11.15 horas, el Ministro de Asuntos Exteriores británico entregó al Encargado de Negocios alemán en Londres una nota en la que le informaba de que existía un estado de guerra entre los dos países a partir del 3 de septiembre a las 11 horas (Documento 24).

Ese mismo día, a las 11.30 horas, el Ministro de Asuntos Exteriores del Reich entregó al embajador británico en Berlín un memorando del Gobierno del Reich rechazando las exigencias del Gobierno británico en forma de ultimátum y afirmando que la responsabilidad del estallido de la guerra recaía exclusivamente en el Gobierno británico (Documento 25).

En la tarde del 3 de septiembre, el embajador francés en Berlín visitó al ministro de Asuntos Exteriores del Reich y le preguntó si el Gobierno del Reich estaba en condiciones de dar una respuesta satisfactoria a la pregunta que le dirigió el Gobierno francés en su nota del 1 de septiembre. El Ministro de Asuntos Exteriores del Reich respondió al Embajador que, después de haberle entregado las notas inglesas y francesas de septiembre, el Jefe del Gobierno italiano había hecho una nueva propuesta intermedia, a la que el Duce había añadido que el Gobierno francés había dado su acuerdo.

El Gobierno del Reich había informado al Duce el día anterior de que también estaba dispuesto a aceptar la propuesta.

Sin embargo, el Duce les comunicó ese mismo día que su propuesta se había visto frustrada por la actitud intransigente del gobierno británico.

El Gobierno británico había presentado unas horas antes a Alemania un ultimátum que había sido rechazado por la parte alemana mediante un memorándum que él, el Ministro de Asuntos Exteriores del Reich, entregaría al embajador francés para su información.

Si la actitud de Francia con respecto a Alemania estuviera determinada por las mismas consideraciones que las del Gobierno británico, el Ministro de Asuntos Exteriores del Reich sólo podría lamentarlo. Alemania siempre ha intentado llevarse bien con Francia.

Si el gobierno francés, a pesar de este hecho, adoptara una actitud hostil hacia Alemania debido a sus obligaciones con Polonia, el pueblo alemán vería esto como una guerra de agresión totalmente injustificable por parte de Francia contra el Reich.

El embajador francés respondió que había entendido por las observaciones del Ministro de Asuntos Exteriores del Reich que el Gobierno del Reich no estaba en condiciones de dar una respuesta satisfactoria a la nota francesa del 1 de septiembre. En estas circunstancias, tuvo la desagradable tarea de informar al Gobierno del Reich de que el Gobierno francés estaba obligado a cumplir sus obligaciones con Polonia, a partir de las 17 horas del 3 de septiembre.

El embajador francés presentó al mismo tiempo la correspondiente comunicación escrita (CF, documento 26).

El Ministro de Asuntos Exteriores del Reich concluyó entonces que el gobierno francés asumiría toda la responsabilidad por el sufrimiento que las naciones tendrían que soportar si Francia atacaba a Alemania.

OTROS TÍTULOS

Omnia Veritas Ltd presenta:

EUROPEA Y LA IDEA DE NACIÓN
seguido de
HISTORIA COMO SISTEMA
por
JOSÉ ORTEGA Y GASSET

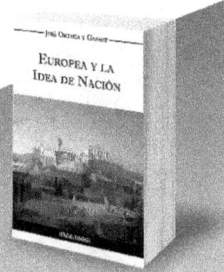

Pero la nación europea llegó a ser "nación" porque añadiera formas de vida que pretenden representar una "manera de ser hombre"

Un programa de vida hacia el futuro

Omnia Veritas Ltd presenta:

FRANCO
por
JOAQUÍN ARRARÁS

"La alegría del alma está en la acción." De Marruecos sube un estruendo bélico, que pasa como un trueno sobre España.

Caudillo de la nueva Reconquista, Señor de España

Omnia Veritas Ltd presente:

LA GUERRA OCULTA
de
Emmanuel Malynski

En esencia, La Guerra Oculta es una metafísica de la historia, es la concepción de la perenne lucha entre dos opuestos órdenes de fuerzas...

La Guerra Oculta es un libro que ha sido calificado de "maldito"

El análisis más anticonformista de los hechos históricos

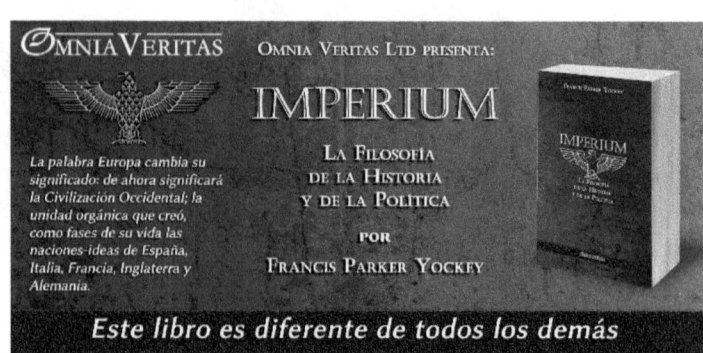

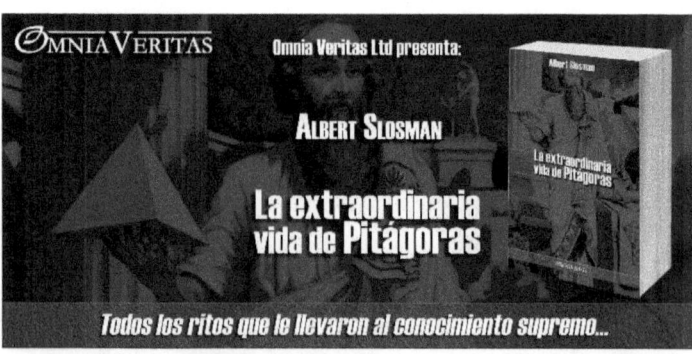

OMNIA VERITAS

Omnia Veritas Ltd presenta:

HISTORIA PROSCRITA II
LA HISTORIA SILENCIADA DE ENTREGUERRAS

POR

VICTORIA FORNER

"El verdadero crimen es acabar una guerra con el fin de hacer inevitable la próxima."

EL TRATADO DE VERSALLES FUE "UN DICTADO DE ODIO Y DE LATROCINIO"

OMNIA VERITAS

Omnia Veritas Ltd presenta:

HISTORIA PROSCRITA III
LA II GUERRA MUNDIAL Y LA POSGUERRA

POR

VICTORIA FORNER

Distintas fuerzas trabajaban para la guerra en los países europeos

MUCHOS AGENTES SERVÍAN INTERESES DE UN PARTIDO BELICISTA TRANSNACIONAL

OMNIA VERITAS

Omnia Veritas Ltd presenta:

HISTORIA PROSCRITA IV
HOLOCAUSTO JUDÍO, NUEVO DOGMA DE FE PARA LA HUMANIDAD

POR

VICTORIA FORNER

Nunca en la historia de la humanidad se había producido una circunstancia como la que estudiaremos...

UN HECHO HISTÓRICO SE HA CONVERTIDO EN DOGMA DE FE

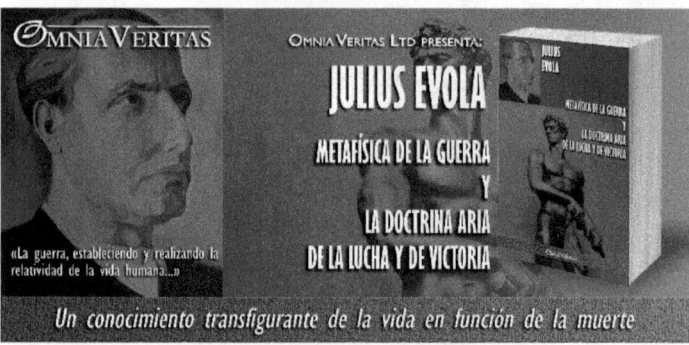

"En el islamismo, la tradición es de doble esencia, religiosa y metafísica"

Se las compara frecuentemente a la "corteza" y al "núcleo" (el-qishr wa el-lobb)

Omnia Veritas Ltd presenta:

RENÉ GUÉNON

APERCEPCIONES SOBRE LA INICIACIÓN

«A menudo nos concentramos en los errores y confusiones que se hacen sobre la iniciación...»

Somos conscientes del grado de degeneración al que ha llegado el Occidente moderno ...

OMNIA VERITAS LTD PRESENTA:

RENÉ GUÉNON

APRECIACIONES SOBRE EL ESOTERISMO CRISTIANO

« Este cambio convirtió al cristianismo en una religión en el verdadero sentido de la palabra y una forma tradicional ... »

Las verdades esotéricas estaban fuera del alcance del mayor número...

"La distinción de las castas constituye, en la especie humana, una verdadera clasificación natural a la cual debe corresponder la repartición de las funciones sociales."

Omnia Veritas Ltd presenta:

RENÉ GUÉNON
AUTORIDAD ESPIRITUAL Y PODER TEMPORAL

La igualdad no existe en realidad en ninguna parte

Omnia Veritas Ltd presenta:

RENÉ GUÉNON
EL ERROR ESPIRITISTA

En nuestra época hay muchas otras "contraverdades" que es bueno combatir...

Entre todas las doctrinas "neoespiritualistas", el espiritismo es ciertamente la más extendida

« Dante indica de una manera muy explícita que hay en su obra un sentido oculto, propiamente doctrinal, del que el sentido exterior y aparente no es más que un velo »

... y que debe ser buscado por aquellos que son capaces de penetrarle

"Cuando consideramos lo que es la filosofía en los tiempos modernos, no podemos impedirnos pensar que su ausencia en una civilización no tiene nada de particularmente lamentable."

El Vêdânta no es ni una filosofía, ni una religión

« Porque todo lo que existe de alguna manera, incluso el error, necesariamente tiene su razón de ser »

... y el desorden en sí mismo debe encontrar su lugar entre los elementos del orden universal

"Un principio, la Inteligencia cósmica que refleja la Luz espiritual pura y formula la Ley"

El Legislador primordial y universal

«La consideración de un ser en su aspecto individual es necesariamente insuficiente»

... puesto que quien dice metafísico dice universal

OMNIA VERITAS LTD PRESENTA:
RENÉ GUÉNON
EL TEOSOFISMO
HISTORIA DE UNA SEUDORELIGIÓN

"Nuestra meta, decía entonces Mme Blavatsky, no es restaurar el hinduismo, sino barrer al cristianismo de la faz de la tierra"

El término teosofía sirvió como una denominación común para una variedad de doctrinas

OMNIA VERITAS LTD PRESENTA:
RENÉ GUÉNON
ESTUDIOS SOBRE
EL HINDUÍSMO

"Considerando la contemplación y la acción como complementarias, nos emplazamos en un punto de vista ya más profundo y más verdadero"

... la doble actividad, interior y exterior, de un solo y mismo ser

Omnia Veritas Ltd presenta:

RENÉ GUÉNON

ESTUDIOS SOBRE LA FRANCMASONERIA Y EL COMPAÑERAZGO

«Entre los símbolos usados en la Edad Media, además de aquellos de los cuales los Masones modernos han conservado el recuerdo aun no comprendiendo ya apenas su significado, hay muchos otros de los que ellos no tienen la menor idea.»

la distinción entre "Masonería operativa" y "Masonería especulativa"

 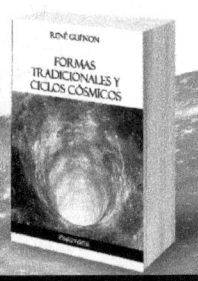

OMNIA VERITAS LTD PRESENTA:

RENÉ GUÉNON

FORMAS TRADICIONALES Y CICLOS CÓSMICOS

« Los artículos reunidos en el presente libro representan el aspecto más "original" de la obra de René Guénon.»

Fragmentos de una historia desconocida

Omnia Veritas Ltd presenta:

RENÉ GUÉNON

INICIACIÓN Y REALIZACIÓN ESPIRITUAL

« Necedad e ignorancia pueden reunirse en suma bajo el nombre común de incomprensión »

La gente es como un "reservorio" desde el cual se puede disparar todo, lo mejor y lo peor

Omnia Veritas Ltd presenta:

**RENÉ GUÉNON
INTRODUCCIÓN GENERAL
AL ESTUDIO DE
LAS DOCTRINAS HINDÚES**

«Muchas dificultades se oponen, en Occidente, a un estudio serio y profundo de las doctrinas orientales»

... este último elemento que ninguna erudición jamás permitirá penetrar

Omnia Veritas Ltd presenta:

RENÉ GUÉNON

LA CRISIS DEL MUNDO MODERNO

«Parece por lo demás que nos acercamos al desenlace, y es lo que hace más posible hoy que nunca el carácter anormal de este estado de cosas que dura desde hace ya algunos siglos»

Una transformación más o menos profunda es inminente

Omnia Veritas Ltd presenta:

RENÉ GUÉNON

LA GRAN TRÍADA

«En todo ternario tradicional, cualesquiera que sea, se quiere encontrar un equivalente más o menos exacto de la Trinidad cristiana»

se trata muy evidentemente de un conjunto de tres aspectos divinos

« La metafísica pura, al estar por esencia fuera y más allá de todas las formas y de todas las contingencias »

no es ni oriental ni occidental, es universal

Omnia Veritas Ltd presenta:

PAUL CHACORNAC

LA VIDA SIMPLE DE RENÉ GUÉNON

«Vamos a hablar de un hombre extraordinario en el sentido más estricto de la palabra. Pues no es posible definirlo ni "clasificarlo".»

Por su inteligencia y su saber, el fue, durante toda su vida, un hombre oscuro

«Según la significación etimológica del término que le designa, el Infinito es lo que no tiene límites»

La noción del Infinito metafísico en sus relaciones con la Posibilidad universal

OMNIA VERITAS

OMNIA VERITAS LTD PRESENTA:

RENÉ GUÉNON

LOS PRINCIPIOS DEL CÁLCULO INFINITESIMAL

«... nos ha parecido útil emprender este estudio para precisar algunas nociones del simbolismo matemático »

Esa ausencia de principios que caracteriza a las ciencias profanas

OMNIA VERITAS

OMNIA VERITAS LTD PRESENTA:

RENÉ GUÉNON

MISCELÁNEA

"Hay cierto número de problemas que constantemente han preocupado a los hombres, pero quizás ninguno ha parecido generalmente tan difícil de resolver como el del origen del Mal"

Este dilema es insoluble para aquellos que consideran la Creación como la obra directa de Dios

OMNIA VERITAS

Omnia Veritas Ltd presenta:

**RENÉ GUÉNON
ORIENTE Y OCCIDENTE**

«La civilización occidental moderna aparece en la historia como una verdadera anomalía...»

Esta civilización es la única que se ha desarrollado en un aspecto puramente material

«Esa copa sustituye al Corazón de Cristo como receptáculo de su sangre. ¿Y no es más notable aún, en tales condiciones, que el vaso haya sido ya antiguamente un emblema del corazón?»

El Santo Grial es la copa que contiene la preciosa Sangre de Cristo

«Este desarrollo material ha sido acompañado de una regresión intelectual, que ese desarrollo es harto incapaz de compensar»

¿Qué importa la verdad en un mundo cuyas aspiraciones son únicamente materiales y sentimentales?

www.ingramcontent.com/pod-product-compliance
Lightning Source LLC
Chambersburg PA
CBHW070736160426
43192CB00009B/1455